U0691544

 上海教育出版社　江苏第二师范学院

学校管理

第三辑

2024 No.3

图书在版编目（CIP）数据

学校管理. 第三辑 / 江苏第二师范学院主编.
上海：上海教育出版社，2024.7. — ISBN 978-
7-5720-2765-9

Ⅰ．G47

中国国家版本馆CIP数据核字第2024JK4170号

策划编辑　刘美文
责任编辑　马丽娟　庄雨蒙
封面设计　陆　弦

学校管理　第三辑
江苏第二师范学院　主编

出版发行　上海教育出版社有限公司
官　　网　www.seph.com.cn
地　　址　上海市闵行区号景路159弄C座
邮　　编　201101
印　　刷　上海盛通时代印刷有限公司
开　　本　787×1092　1/16　印张 5.25
字　　数　105 千字
版　　次　2024年7月第1版
印　　次　2024年7月第1次印刷
书　　号　ISBN 978-7-5720-2765-9/G·2447
定　　价　15.00 元

如发现质量问题，读者可向本社调换　电话：021-64373213

卷首语

深度学习"深"在哪里？

"深度学习"是个热词，但众声喧哗，莫衷一是。笔者以为，首先要讨论的是"深"在哪里。

1. 从旁观式学习到参与式学习

按照旁观者知识观，知识的学习是主客两分的，知识是"他者"，所以考完试就"还"给课本和老师了。新课程倡导参与者知识观，学生在老师的引导下主动参与知识的建构，在"做事情"的实践中领悟知识，将知识内化，使知识成为自身的一部分。所以，深度学习最重要的是学习的姿态，是学习者主体性的确立，激活学生的内在活力，引导学生以积极的情感投入学习，在学习过程中获得自我满足，这是前提，也是决定性的。诚如有学者这样形容自我促进的学生，"他们泰然自若并且乐于学习，他们追求课程要求以外的知识……他们主动而非被动地获取知识。他们的惊奇远多于忧虑，而且他们甚至说学习给予他们热切与振奋的感觉"。

2. 从"浅层"到"深层"

这是深度学习最显明的意思。什么叫浅层？什么叫深层？浅层与深层是什么关系呢？笔者以为新西兰学者约翰·哈蒂在《可见的学习——最大程度地促进学习（教师版）》中说得比较清楚。他认为理解有四个层次，分别是"单点结构层次""多点结构层次""关联结构层次""抽象拓展层次"，它们分别指"一个观点""许多观点""相关观点"和"拓展性观点"。前两个层次是表层学习，后两个层次属深层加工。仅仅到表层是不够的，仅仅为了表层更是错误的，但如果处理得好，表层、浅层与深层是一个连续体，深层学习可以在浅层学习基础上进行。

从哈蒂的阐释来看，深度学习重要的是思维的进阶，是从"点"到结构化，从事实性到抽象性，从领会到应用。我国学者近些年来也有大同小异的表述，一般认为知识有符号层（概念）、逻辑层（思维）、意义层（价值、情感等）。综合这些表述，笔者以为，"深度"（深层）有如下表征：①知识图式化、结构化，新知纳入了已知，知识体系得到更新、优化，此时，知识已经内化。②知识可以迁移、应用。这一方面是因为知识的结构化使之具有迁移的可能，另一方面学习者有运用知识的兴趣和习惯。③形成洞察力。这是基于知识的关联性又超越关联性的能力，知识已经转化为思想的武器。在具体情境中看得准、看得透。爱因斯坦说，对表面现象之后隐藏的规律的感觉，使我们形成直觉。彭加荣说，逻辑用于证明，直觉用于发明。洞察力应该是一种创新的素质。④共鸣性的产生。学习者对情感、价值和学科本质有所领悟，高度认可，有的还发生强烈共鸣，在认知的同时，也实现了价值认同。

3. 从单向度到完整

浅层的学习、讲授和记忆的都是知识点，只是符号意义上的知识，只能是单向度的。如前论及，知识本身是完整的，深度学习就是完整的学习。同时，更要看到，深度学习不仅仅是"深"到知识里，还要"深"到人的成长里，"深"到获得滋养精神成长的完整知识里。"儿童正是作为一种精神上的存在而不仅是肉体上的存在，才给人类的发展提供了强大的原动力。也正是儿童的精神，决定了人类发展的进程，并有可能把人类引向更高级的文明。"深度学习要关注高阶思维，要关注知识的深度，更要关注儿童精神的成长。所以，要引导学生像专家一样思考，"重返"知识生产的现场，学会专家的思考而不是记住专家的结论，并在经历过程中体会专家生产的激情和智慧；要以挑战性学习贯穿学习始终，锤炼自己解决问题的意志，培养自己有效解决问题的能力；要倡导"做中学""用中学""创中学"，在主动学习中提高自己的实践智慧；要在教师管理的"公共世界"、同伴互动的"半私人世界"、学生个体的"私人世界"这三个世界的有所区别又相互融通中构建积极成长的社会情境，使个体性和社会性达到更高水平的平衡。如是，学生的完整成长才是可能的；许多学者期盼的深度学习促进学生作为具体的社会历史实践主体的成长和发展也才有可能。

江苏教育学会原会长 杨九俊

目　录

校长之声：让每一个生命如其所是地绽放

◎ 詹发云 / 江苏省常州市教科院附属初级中学

常州市教科院附属初级中学（以下简称"教科院附中"）成立于2018年，是常州市教育局直属的公办初中，是常州市教育科学研究院研究成果运用于教育教学的实践基地，是市政府、市教育局重点打造的教育改革示范窗口。教科院附中人依托对"紫荆"独特的情感，提出"蓬美教育"的办学愿景，即蓬美教育是完整性教育，是规律性教育，是自在独特性教育，是蓬勃生长的教育。同时确定"让每一个生命如其所是地绽放"的课程理念，践行"范导式"教学主张。

"范导式教学"是常州土生土长的教学主张，其提出的真实性情境、发展性任务、多元化意义协商和创造性应用四个要素，不拘泥于限定顺序和固有形式，多维互联，灵动生成，可以在不同学科、不同课型中合情、合理、合规地组合和运用。每个研究课例都经历了确定研究主题—规划教学活动—实施课堂观察—开展课后研讨—精心设计作业—强化课后反思……这样一种螺旋式上升的专业行动。从范导式教学研究到范导式实践作业设计，是对教学的又一次深入研究，让学科作业从传统的文本性作业逐步融合实践性作业，才能更好地落实新课程标准强调的学科实践，不断完善教学过程，不断创生教学智慧，不断演绎教学精彩。

聚力"双减"，教科院附中着力推进范导式学科实践作业的深度研究，充分发挥其巩固教学的作用，实现与教学互补，希望以此撬动学与教方式的变革，成为推动当下教学变革的杠杆或支点。这里收录的一组文章是我们各学科组进行范导式实践作业研究的一个缩影：《指向学科核心素养培育的范导式学科实践作业设计与实施》是学校层面在实践作业设计上的谋划和思考，《融合民生实事的初中道德与法治实践作业设计》是道德与法治学科融入社会热点、民生实事的作业设计，《从文本走向实践的初中化学学科作业》是化学学科知识的应用作业案例，《基于传统与现代的"蓬美之艺"美术学科作业实践》是课后服务美术活动课程中的作业案例，《例谈核心素养视角下初中数学实践性作业的设计策略》融入了数学组教师日常实践性作业的设计智慧。这不仅是彰显出范导式教学"浸润"教学实践的过程，更是其检验自身是否具有教学价值和意义并逐步完善的过程。

【作者简介】詹发云，男，江苏省常州市教科院附属初级中学党总支副书记、校长，正高级教师，江苏省名校长工作室主持人，常州市龙城十佳校长，常州市名师工作室主持人。

指向学科核心素养培育的范导式学科实践作业设计与实施

◎ 杨蓓丽／江苏省常州市教科院附属初级中学

摘 要 作业不仅能发挥巩固教学的作用，还能实现与教学的互补，足以撬动学与教方式的变革，推动当下教学变革。聚力"双减"，推进范导式学科实践作业的深度研究，从课例到作例的研究来彰显学科实践作业的价值，从文本到实践的迭代来聚焦学科实践作业的特质，从育分到育人的转变来落实学科实践作业的评价，从而营造学校教育教学新生态。

关键词 学科实践作业 学科特质 真实情境 过程评价

作业是学校教育教学管理工作的重要环节，是课堂教学活动的重要后续。《义务教育课程方案（2022年版）》中指出："全面推进基于核心素养的考试评价，促进'教—学—评'的有机衔接。"[1]现实的教学环节中，作业的功利性现象依然存在，面对过于传统和陈旧的作业布置理念和形式，学生出现的负面和抵触情绪就在所难免。如果学校的作业设计只关注学科知识的熟练与巩固，无疑就窄化了作业的功能，缺乏对作业"学习意义和育人内涵"的观照，忽视了作业对促进学生全面发展和提升学科核心素养的育人价值和教育功能。我们着力从知识价值、真实情境、学科特质、过程评价等方面来推进范导式学科实践作业的深度研究，聚力"双减"，营造学校教育教学新生态。

一、彰显学科实践作业的价值：从"课例"到"作例"

从课程视域角度看，作业虽"小"，作用却"大"，功能很"全"，作业是与教学同样重要的关键领域。作业不仅能发挥巩固教学的作用，而且还能实现与教学互补，完成教学之未达成，足以撬动学与教方式的变革，推动当下教学变革。因此将"课例研究"延伸到"作例研究"，则能打通教学改革的"最后一公里"。[2]课程目标引领着教学目标和作业目标，实现两者的协调统一，最终实现作业对知识的诊断和巩固，对能力的训练和提高，对思维的建构与引导，对素养的发展和塑造的功能。

我们推行"作例研究"的重点不在"作例",而在"研究",是以作业案例为核心,将研究的态度、意识和方式全程贯穿、渗透于作例的搜集、开发、描述、分析和建构等全过程,致力于解决与作业有关的"实践问题",成为"研究性作业变革实践"。它也是一种教学实践研究。各学科组从厘清作业观、明晰作业标准、坚持问题导向、建构作例体系四个方面着手进行作例研究。在课程目标引领下,实现作业目标与教学目标的协调统一,明确作业作为课堂教学的延伸,其根本任务是巩固知识、发展能力、建构思维、发展素养,以充分挖掘和实现育人价值作为好作业的判断标准。各学科基于课程标准,从本学科关键能力出发,梳理教学内容,设计学科实践作业,坚持从作业设计与实施的具体问题出发,不断推进范导式学科实践作业的研究与探索,同时让优秀教师成为"作业设计师",能够提供值得学习、借鉴和推广的"作业范例",适应并且推动作业改革,进而影响和撬动学校的教学改革。如根据七年级的教学内容,设计出"制作创意宣传册,宣传传统节日""手绘建筑三视图""制作南瓜灯,配英文解说""制作家乡天气报表""用画笔为动物发声""制作情绪晴雨表"等学科实践作业。

二、聚焦学科实践作业的特质:从"文本"到"实践"

范导式教学已经成为教科院附中课堂教学的基本范式,是以民主平等、精心预设、协商对话为基础,以真实性情境、发展性任务、多元化意义协商、创造性应用为基本教学要素进行立体式架构,四要素之间有机互动,不拘泥于固定的顺序和形式,将接受学习与发现学习等多种学习方法融为一体,促进学习行为的真实发生,实现学生正确价值观念的培育、必备品格的塑造和关键能力的提升。

范导式学科实践作业可以被视为范导式教学的延伸、拓展和深化,秉承"因材施教"的理念,将落实立德树人根本任务与培养学科素养有机融合,聚焦作业的学习体验、真实情境、学科特性等主要特质,让作业设计更有精准度、创新度、生长度,从而反哺和推进范导式教学研究。

1. 范导式学科实践作业凸显学习体验

作为动态知识学习过程的学科实践,要肩负起把蛰伏和被遮蔽的学科能力、学科精神和价值释放并张扬出来的责任和使命,即通过问题、任务、项目学习来激活和驱动静态的知识,再通过应用知识、解决问题、完成项目的过程来活化知识的生命力和创造力、深化知识的理解和领悟,从而内化知识的精神和价值。为凸显学生个体的学习经验与体验,九年级化学组和八年级生物组分别开展了"民以食为天,膳食'化'中学"的学科实践作业设计。学生分析生活中常见食材所富含的主要营养成分,按照膳食的多样化、均衡化、适量化、个性化原则,亲自设计并手绘食谱。将课本中的化学知识转化为实际生活经验,更深刻地理解了一日三餐中摄取的营养物质。学生们积极准备、精心制作,一张张菜谱色彩搭配丰富,一份份营养餐物质比例搭配均衡，清晰的设计思路，充分展示了食品中的糖类、油脂、蛋白质、水、无机盐、维生素六大营养物质。在实践中，学生锻炼了发散性思维能力，展现了大脑的无限潜能。

2. 范导式学科实践作业强调真实情境

在教学活动中，教师应尽可能把教学内容置于真实的情境、问题、项目之中。因为真实性情境更有利于学生感受知识的本真道理，有利于学生体验到知识的用处和价值，有利于学生自主建构，有利于学生思维碰撞，从而提升学生核心素养。促进素养提升的范导式学科实践作业就是通过赋予作业鲜活的生活和社会情境，充分发挥学科实践作业对学科核心知识和关键能力考查的独特价值。

八年级地理组设计的"探秘延陵巷陌，手绘老城地图"学科实践作业，深入挖掘本土情境，聚焦周边鲜活素材。延陵西路是常州人耳熟能详的主干道，然而近年来随着周边商圈崛起，居住人口不断外迁，南大街商圈人气也逐渐下降。在旅游业回暖的今天，亟须紧抓机遇，加强推广。八年级学生已掌握地图相关知识，对于动手实践类作业也极具好奇心和探究欲，因此设计手绘老城地图这一学习任务，让学生在实践中巩固所学，提升素养。地理组还组织了"探秘延陵巷陌"主题活动，围绕"寻状元巷陌""品特色美食""访名人轶事"，并借助"集章打卡"的形式，通过与市文化广电和旅游局联系，把这项作业融入城市马拉松的活动，让市民集休闲与娱乐于一体，感受城市文化，再现和体验昔日的常州南大街的繁华街景，助力常州老城厢改造建设。

学生前期积极查找与绘制作品有关的资料，系统了解家乡典故，主动收集地理知识，在走访调查中寻觅特色美食，探访历史名人，感受悠久历史，既增长了见识，更厚植了故土情怀。在地图绘制过程中，学生活用方向、图例等地图知识，并加入了不少生动的个性化元素。在分享交流作品时，每位学生都化身为常州代言人，用眼收藏家乡美，用语诉说家乡事，用笔绘就家乡景。学生在学科实践作业中，习得新知识，适应新情境，解决新问题，形成新观念。

3. 范导式学科实践作业彰显学科特性

作为一种学习方式，学科实践作业是以学科为主轴的实践，学科实践作业必须要强调"学科性"，要求用学科独特的方式方法学习学科知识。我们追求每门学科根据各自特点采用多元化的学习方式设计课程、组织教学、实施评价。如语文学科充分组织语文活动（言语文本＋语言运用）；美术鉴赏要在看中学，要专业地看与表达；信息技术学科要进行项目式学习、设计学习；地理学科要进行地理考察；思想政治学科要采用辨析学习，要组织政治活动等，这就是我们平常所说的"学科味"，这样使知识更加条件化、情境化、结构化。因此我们强调尊重并彰显学科的独特性，体现学科的精气神，是学科实践作业设计的核心要义。

为了激发学生的数学学习兴趣，八年级数学组结合《相似三角形的应用》这一课堂知识，开展了"巧用相似测量高度"的实践作业，带领学生从课堂走进生活，在操场、广场上利用太阳光的照射，通过测量影子的长度，从而算出物体的高度，用有意义的实践活化了课堂知识的学习，体现数学知识在生活中的应用价值。九年级物理组设计利用电能表测量多挡位用电器在不同挡位时的功率的实践作业，假期中学生选择有代表性的家用电器，如电冰箱、电热油汀、电火锅、热水器等，为确保实验数据的有效性，学生们严谨地关闭了家中其他用电器。一边观察电能表转动的情况一边计时，同时还配以讲解。在真实问题情境中，学生手眼口脑并用，提高了分析问题、解决问题的实践本领和学科能力。

三、落实学科实践作业的评价：从"育分"到"育人"

"学生观"的背后是"育人观"和"育人价值观"，拥有什么样的学生观，是学科实践价值观的核心内容。我们秉持学生立场，信奉"学生主动、健康发展为本"观念的学科实践作业设计，把挖掘学生潜能、满足学生成长需要作为作业设计的核心目的，使作业成为学生需要、受学生欢迎、学生愿意去做的作业，将作业的设计权、选择权、评价权等还给学生。

学科实践作业案例一般从作业原题呈现、作业设计意图、学生实践展示、温馨评价几个环节展开。作业选题呈现一般是

融合学科知识，提出与学科相关的任务或者问题；作业设计意图主要是指利用学科知识如何去解决问题，基于课程标准和范导要素需要动用哪些其他学科知识和学科能力，能够培养哪些学科素养等；学生实践展示主要是学生的实践作业的主要完成过程，作品呈现形式多样，不拘泥于固有文本；温馨评价是教师的精彩点评环节，不可或缺，是对学生完成实践作业的整体评价，既有客观肯定的描述，如情景设置、呈现形式，更有对作业提升空间的期望，如改进举措等。

从某种意义上说，作业是学生学习的作品。我们在作业后期有效落实"批""评""改"三个环节外，更要丰富评价形式和反馈机制。促进素养提升的范导式学科实践作业在"做中学"理念指导下，凸显情境性、综合性、自主性的特点，能够有效打通课堂内外，引领学生将知识学习应用于现实问题的解决中，有效促进学生真实地学、深刻地学、有意义地学，有效促进学生核心素养的养成，是强化学科实践活动的一种有效载体。

【作者简介】杨蓓丽，女，江苏省常州市教科院附属初级中学课程教学中心主任，高级教师。

参考文献

[1] 中华人民共和国教育部.义务教育课程方案（2022年版）[M].北京：北京师范大学出版社，2022：15.

[2] 李政涛.从"课例研究"到"作例研究"：推进教学变革的新路径[J].基础教育，2022，19（03）：17—22.

融合民生实事的初中道德与法治实践作业设计

◎ 蒋礼金　王　霞/江苏省常州市教科院附属初级中学

摘　要　道德与法治学科作为落实立德树人根本任务的关键课程，旨在促进初中学生思想政治素质、道德修养、法治观念和人格修养的进一步发展，形成乐观向上的生活态度，逐步树立正确的世界观、人生观和价值观。基于学科作业的现状，依据新课程标准，通过融合家校生活、传统习俗、社会生活、城市发展等民生实事，设计系列化作业，提高作业的实效性，发展学科核心素养。

关键词　民生实事　道德与法治　作业设计

减轻学生过重学业负担，优化作业设计成为"双减"的突出重点工作。围绕"政治认同、道德修养、法治观念、健全人格和责任意识"等素养养成，作业设计从学科本质出发，融合民生实事，丰富学科实践过程，进一步优化。

一、作业存在的现实问题

1. 作业内容重考试轻德育[1]

作为中考考试学科，道德与法治学科受传统观念影响，其作业设计最大的内驱力来自考试的目的与要求。因此基于应试功利性的作业设计主要以巩固知识、题型训练为主，一定程度上忽视了道德与法治学科应有的德育功能，或者教师很难挖掘出学科应有的德育要素。

2. 作业形式重文本轻实践

道德与法治学科的作业大多是书面作业，缺少创造性、开放性和实践性作业。虽然教材有"运用你的经验""探究与分享"等栏目的设置，但部分教师仅停留于课堂讨论，游离在学生生活之外，长此以往会削弱学生学习的积极性与热情。

3. 作业评价重结果轻过程

教师对于作业的评价集中于统一的书面批改，大多以简单的勾叉表示对错，按照得分通常分为A、B、C、D等级，缺乏道德与法治学科的特色与新意，少有发展性评价，因此学生对于作业的反馈期待值不高，学习的主动性和积极性自然降低。

二、民生实事的融合价值

1. 国家对思政教育的应然要求

习近平总书记在学校思想政治理论课教师座谈会上的重要讲话和关于思政课建设的重要指示中指出，要深入贯彻落实思政课建设立德树人根本任务，积极培育和践行社会主义核心价值观，充分发挥思政课关键课程作用。作业设计融合民生实事能健全评价机制，引导学生关注生活，实现从学科知识本位向课程素养本位转变，以评促学，以评促教，使"大思政课"体系更加完善。

2. 当下学生成长的实然需求

初中阶段的学生正处于从感性思维向理性思维的转变时期，他们对未来充满渴望，逐渐将视野从关注自身转向关注他人、关注家庭、关注社会生活。作业设计融合民生实事让学生置身真实的生活情境中，能调动学生原有的知识和经验，不断学习新的知识和技能。同时作业设计符合学生成长需要和发展规律，既能提高学生的认知水平，也能提高学生的实践能力，实现知行合一。

3. 新课程标准的具体要求

新课程标准提出要优化课程评价，体现"教—学—评"的一致性。[2]作业是学习评价的重要手段，作业内容要结合学生生活，创新作业方式，采用开放性、情境性、体验式等多种形式。作业设计融合民生实事，有机整合学生校内学习和校外生活，充分挖掘各种活动形式的优势，增强作业的体验性和实践性，从而促进道德与法治立德树人教育价值的实现。

三、优化设计的教科院附中探索

常州市教科院附属初级中学道德与法治教研组在作业设计上依据新课程标准，结合学校学生实际，通过融合家庭、学校、社会等民生实事，在生命安全与健康教育、法治教育、中华优秀传统文化教育、革命

传统教育、国情教育五个主题统领下，形成了作业情境源于真实生活，作业任务指向学习主题和实践运用，具有各年级特点的螺旋式上升的一体化作业。

1. 以生命安全与健康教育为主题，融合学生家校生活实际，设计走向品格提升类作业

在生命安全与健康教育方面的作业设计中突出解决我与自己、我与朋友、我与父母、我与老师、我与集体、我与社会这几个方面存在的困惑，帮助学生过健康向上的生活。比如在学习《珍爱生命》一课时，设计让学生对学校安全消防疏散演练的改进作业，引导学生掌握安全消防知识的同时关心学校建设；在学习《个人与社会》一课时，联合学校团委开展"萤火虫"志愿服务队走进污水处理厂的研究性学习；等等。通过体验与实践，让学生在生活中掌握一些基本的自我保护知识和人际交往的技能。

在主题作业设计上我们也注重三个年级螺旋式上升的一体化设计，比如结合三八妇女节，七年级的作业是为妈妈做一顿饭，明确家庭角色，承担家庭责任；八年级的作业是给妈妈写一封信，学会理解尊重，学会和谐相处；九年级的作业是给妈妈洗一次脚，学会感恩，力求身体力行。这种设计有利于帮助学生正确处理与父母的关系，在家庭实事中学会换位思考，学会理解，拉近了与父母的关系，从而形成健康和谐的家庭关系。

2. 以中华优秀传统文化、革命传统教育为主题，融合传统节日、习俗，设计文化传承类作业

在中华优秀传统文化、革命传统教育

方面，我们主要融合春节、清明、端午等传统节日的传统习俗来进行文化传承类的作业设计。家家户户每到这些传统节日都会举行各种仪式，因此在这方面作业设计上既有三个年级共性类作业，也有螺旋式上升的分年级个性设计。七年级侧重感受制作类，八年级侧重感悟实践类，九年级偏重理想立志类，做到三年不重样，年年有成长。

以春节主题的共性作业为例：一岁一生肖，一年一祝福，转眼间2024甲辰青龙凌云而来。在这辞旧迎新的时刻，我们"以心迎新"，手工制作属于自己的独一无二的台历吧！请同学们围绕龙年春节文化主题，从"春节·历史起源""春节·节日活动""春节·节日饮食""春节·历法""春节·传说"等主题中任选其一，制作自己的龙年台历。

在完成作业过程中，学生运用自身生活经验，配以创意设计的图案进行装饰，有的学生还根据特定的季节和节日进行插画设计。这本小小的台历成为审美意趣的展示窗口。活动既挖掘了学生无穷的创造力和艺术天赋，也让学生在收集、查阅资料中加深了对传统文化的了解，增强了文化自信。最为重要的是，在制作台历中，学生体悟到了"一寸光阴一寸金"的深刻哲理。

以清明节主题的差异化作业为例：在七年级我们设计的作业是和父母一起扫墓、踏青，了解自己的家谱，了解家风、家训，在此基础上绘制专属家庭谱系（包括家庭成员、家风、家训等）。在八年级我们设计的作业是和父母一起扫墓、踏青，参照历史上的墓志铭的撰写手法，为自己去世的祖先写墓志铭。在九年级我们设计的作业是走访烈士陵园、三杰纪念馆等，结合

参观实践，承革命遗愿，立接班之志。在同一清明节生活情境中，三个年级作业的发展性任务逐年提高，顺应学生发展水平，从感知、领悟到践行，避免同质化作业，在每年的清明节日中促进学生情感、态度价值观的递进式发展。

3. 以法治教育为主题，融合《今日说法》，设计模拟法庭类作业

在法治教育主题方面，我们设计了常规法治实践作业，如在每年12月4日国家宪法日开展全校性的"学宪法·讲宪法"演讲比赛及征文评比；结合不同节点开展法治宣传活动，如"民法点亮生活""《未成年人保护法》护我成长"等。除常规法治作业设计之外，我们还融合《今日说法》，设计模拟法庭类作业。

以国际消费者权益日为情境的作业设计为例：3月15日，观看央视"3·15"晚会，然后从中选取一个典型违法案例，假设你是法官，你会如何对它进行判罚？要求：呈现案例，运用法律及相关条文，给出判决结果及依据。作业设计让学生在观看晚会中学会甄别信息，了解消费者享有的合法权益和生活中可能存在的消费陷阱，让学生选择一个典型案例尊重了学生的差异性，让学生模拟法庭审判彰显了学生的自主性，学生需要结合案例查找相应法律法条及相关案例判决情况，在这一过程中可能需要与同学、父母进行合作协商，甚至需要寻求法律专业人士的帮助。整个作业完成过程是学生在自学基础上法律知识不断建构的过程，也让学生感悟到法律是惩罚违法犯罪和保护公民权利的。学生在完成作业过程中潜移默化接受了法治教育，同时也增强了学法、守法、用法意识。

4. 以国情教育为主题，融合社会生活、城市发展建设，设计公民参与类作业

在国情教育主题方面，我们组主要融合社会生活、城市发展建设以及公共决策事件，设计让学生献计献策的作业，引导学生关注社会，增强社会主人翁意识。公民参与类作业具有时效性，因此需要我们坚持以教材为依托，立足学生实际，寻找融合契机，进行及时有效的作业设计，这样才能让献计献策具有时效性和针对性，也能让学生获得成就感。

以"我为家乡建设献一计"为例：为配合常州市政府向市民征集 2024 年民生实事项目，切实提升教科院附中学子主人翁精神和民主参与能力，特开展此次"我为家乡建设献一计"社会调研活动。请以建设共同富裕、文明向善的现代化常州为目标，以打造"六个常有"民生名片为重点，以普惠性、公益性、急迫性、可行性、时效性为主要原则，范围主要包括但不限于：幼有所育、学有所教、劳有所得、病有所医、老有所养、逝有所安、住有所居、弱有所扶、行有所畅、环境有改善、优军服务保障、文体服务保障、公共安全保障、政务服务等方面。

指导建议：仔细思考调研主题，建议以本社区需要解决的问题为主，完成相关调查问卷和调查报告，可小组合作，每组不得超过 8 人。作业需上交调查报告、调查问卷、图片、视频（包括小组成员照片、采访照片、小组合作照片、采访视频等过程性资料等）。

在这一作业设计中，结合常州市政府征集民意这一热点时政，设计了调研参与活动，在巩固、运用所学知识的同时，更能让学生关注社区生活，发现生活中的美，也发现生活中存在的问题。在实践调查活动中充分激发学生热爱家乡，参与家乡建设，更让其体会全过程人民民主在生活中的实践，领会人民是国家的主人的真谛，增强了学生的政治认同和制度自信，也为他们后续参与民主政治生活，正确合理使用网络做了实践指引。

"教者有心，学者得益"，教师要对自己的教学内容进行深入研究，融合民生实事，依据课程标准，精心创设符合学情的"定制作业"，实现作业的知识性与实践性、社会性与生活性的有机统一，涵育学生学科素养，促进学生全面发展。

【作者简介】蒋礼金，男，江苏省常州市教科院附属初级中学道德与法治教研组长，高级教师；王霞，女，江苏省常州市教科院附属初级中学道德与法治教师，一级教师。

参考文献

[1] 沈慧岚.作业设计"五度"优化策略的实践研究——以初中道德与法治课为例 [J].中国教师，2021（05）：110—111.

[2] 中华人民共和国教育部.义务教育道德与法治课程标准（2022 年版）[M].北京：北京师范大学出版社，2022.

从文本走向实践的初中化学学科作业

◎ 陈广余 / 江苏省常州市教科院附属初级中学

摘　要　作业是学生课堂学习、巩固知识的重要载体，是教师课堂教学评价的主要依据，是学校教育教学改革的关键环节。学科作业也应该从传统的文本性作业逐步向实践性作业进行融合与转向，才能更好地落实2022年版课程标准强调的学科实践。从实践性作业的重要作用和设计原则出发，结合化学学科具体作业设计案例，分别从学科学习、社会生活和实验创新的视角，提出实践性作业的设计思路，同时提出实施实践性作业的注意事项。

关键词　学科作业　学科实践　实践性作业　设计与实施

"学科实践"是《义务教育课程方案（2022年版）》的重要关键词，是课程育人方式的重大变革。[1]作业是保证课程改革的关键领域，是促进核心素养发展的重要手段，是落实"双减"政策的重要抓手。[2]随着学科实践的不断深入，学科作业也需要跟进改革。

传统的作业主要是文本性作业，往往存在机械记忆的作业多、研究实践的作业少，反复操练的作业多、方法实践的作业少，统一要求的作业多、个性展示的作业少，纸上谈兵的作业多、实践检验的作业少等方面的弊端。作为学科学习的重要组成部分和课堂教学的重要延伸，实践性作业的设计与实施是学科实践在作业环节的应有之义。

一、实践性作业的重要作用

崔允漷教授认为，学科实践是学科育人方式变革的新方向。实践性作业作为学科实践的重要组成部分，自然也是初中化学学科教学的重要内容，在学生核心素养培养，特别是科学探究素养培养中发挥重要作用。

一是有助于学生的知识重构。学生在完成实践性作业时，往往需要系统调用化学学科的多项知识，甚至是跨学科知识，在知识与知识、学科与学科之间互相迁移、互相勾连时，同化与顺应不断发生，认知结构得以更新，知识重构得以实现。

二是有助于发展学生的科学思维。实践性知识往往要求学生在真实性情境中解决实际问题，既需要学生从真实性情境中抽象出学科问题，又需要学生能够运用探究实践、宏微结合、对比控制等多种化学学科思维方法，同时在问题解决中培养学生科学思维的敏捷性、系统性、批判性和创造性。

三是有助于提升学生的实践能力。实践性作业区别于传统文本性作业的最大特征是实践，如果说陈述性知识可以用"是不是知道"来简单衡量的话，实践则是要用"能否做到"来衡量。《义务教育化学课程标准（2022年版）》直接要求一线教师支持学生"经历科学探究，增强实践能力"[3]，实践性作业就是达成这一要求的有效途径和必然选择。

二、实践性作业的基本原则

1. 导向性原则

设计实践性作业应体现培养学生化学学科核心素养的积极导向，正确发挥作业诊断、改进、激励和评价功能，促进学习方式的变革和学业质量的提升。

2. 科学性原则

实践性作业应遵循化学教学规律和学生成长规律，符合"双减"政策要求，符合课程标准要求。

3. 具身性原则

实践性作业强调学生在完成作业过程中的具身体验与实践习得，充分发挥学生在认知过程中的主体性与实践性。

4. 适切性原则

与文本性作业相比，实践性作业在综合性、操作性、应用性等方面对学生提出

了更高的要求，布置的任务、过程的展开和评判的标准都应与学生的化学知识水平、实践操作水平、综合能力水平相适应。

三、实践性作业的设计策略

化学是源自生活又服务生活的自然基础学科，初中化学许多知识都与社会有着密不可分的联系。学科实践是新一轮课程改革的重要取向[4]。设计实践性作业，既可以激发学生学习化学的内在动力，又可以帮助学生掌握化学知识的来龙去脉，还可以帮助学生实现化学知识改善生活的价值体悟。

1. 从学科学习视角，设计实践性作业

原题呈现：二氧化碳无色无味却无处不在，空气里有它，动物不停地呼出它，打开汽水冒出它，厨房里的天然气燃烧时也产生它……你有哪些方法获得较高浓度的二氧化碳，你知道它与空气的密度究竟谁大谁小？充分利用家里的各种常见物品去探索吧！提醒两点：确保安全，并用视频记录你的探索过程。

本作业的设计主要包括两个部分：一是要求学生设法获得一定浓度的二氧化碳，二是要证明在通常情况下二氧化碳的密度比空气大。对于刚学化学的九年级学生而言，记住二氧化碳密度比空气大这样的事实性知识相对容易，但设计装置验证二氧化碳密度比空气大所涉及的知识面就要比记住结论要复杂得多；学习实验室制取二氧化碳这样既有事实性又有程序性的知识，已不是特别容易的事情，本作业还把要求提升到梳理如何学习常见气体制法并付诸

实践的元认知层面，这样的元认知学习是属于高阶思维活动，也是初中化学深度学习所要发展的关键能力，初中化学素养培育的必然要求。

从学生提交作业情况来看，制取二氧化碳的原理可谓多种多样，既有用石灰石、大理石与白醋反应的，也有用碳酸饮料分解的，还有直接用干冰升华的；搭建的装置也是千奇百怪，反应容器有饮料瓶、水杯，甚至热水瓶；保证装置气密性的方法有用胶带、胶水的，也有用橡皮筋、橡胶管的……但是不管装置怎样搭建，都考虑到了容器、导管、气密性良好等要素。本作业所彰显的学习价值，还体现在作业是在出现的"意外"之中完成的。如用碳酸饮料获得二氧化碳时，学生刚开始是打开汽水瓶盖就直接塞上带导管的塞子，在振荡饮料瓶时经常会将碳酸饮料导入收集二氧化碳的瓶子里，后来发现先喝掉一半饮料，振荡剩余的半瓶碳酸饮料不仅可以解决饮料进入收集二氧化碳瓶子的问题，而且还可以通过加速振荡的方法大大加快收集二氧化碳的速度；再如验证二氧化碳密度比空气大时，如何使杠杆更加灵敏又不受空气流动的影响等，类似的"意外"还有很多。这些真实而劣构的"意外"很难在文本性作业中加以训练，真实性、情境化的实践性作业，恰恰为突发性的、复杂性的、跨领域的劣构性问题提供良好的载体。

2. 从社会生活视角，设计实践性作业

原题呈现："民以食为天"，饮食文化是中华传统文化的重要组成部分。调羹弄膳之间，处处流露着生活智慧，丰富多彩的美味食材应当如何搭配才能均衡膳食，实现健康饮食呢？结合总务前期进行的学生营养餐调查数据，请你运用《食品中的有机化合物》一章中所学化学知识，联系生活常识，与小伙伴一起设计一份营养均衡、搭配合理又能深受同学喜爱的营养午餐手绘食谱，我们将择优推荐给学校食堂哦。

在完成这份实践性作业时，学生积极准备、精心制作，呈现出的一张张食谱不仅色彩搭配精致，更关键的是每一张食谱都做到营养成分搭配合理，充分展示出了学生对糖类、油脂、蛋白质、维生素、水和无机盐六大营养素的识别，也体现出了对平衡膳食的基本要求——营养种类均衡、多少搭配合理。学校食堂精选一部分食谱，做成学生餐，端上餐桌，当设计者发现全校师生享用自己设计的营养餐时，那种自然流淌出来的成就感、自豪感、幸福感溢于言表。

这样的实践性作业，不仅包含"精选食材"的真实性情境和"分析营养成分"的发展性任务，还包括与小组同伴进行交流的多元化意义协商，更包括食堂"成品上桌"的创造性应用，因此，完成这份作业的过程也体现了教学的本质——学为所用。完成这样的实践性作业，锻炼了学生的发散性思维，展现了学习的更大潜能，也产生了学生作为学校主人的强烈归属感，这些都是传统的文本性作业不能比拟的，也是学科实践教学方式在作业中的自然延伸。

3. 从实验创新视角，设计实践性作业

原题呈现：汽水是消暑佳品，汽水我也能制。这个周末请你利用第2章《身边的化学物质》和第6章《溶解现象》所学知识，为家人自制一杯健康可口、富有创意的汽水饮料，并尽可能录制视频与同学、老师分享。

从定性角度完成本作业的基本要求，难度并不大，只要是健康有益的、溶有二氧化碳的即可，深挖一下就是再向水中溶解一些营养物质。从定量角度完成本作业，难度就有所提升，比如在一定量的水中如何才能溶解更多的二氧化碳，使汽水更可口；怎样向水中溶解一定质量分数，尤其是较低质量分数的营养物质等。从创意角度看，难度就更大。

从提交的作业看，学生一般都能够利用小苏打和柠檬汁等物质获得二氧化碳，能够通过冷藏的方法增大二氧化碳的溶解度，这说明碳酸盐与酸反应能获得二氧化碳、温度对气体溶解度的影响等知识能够很好进行迁移应用。有学生先称量一定量的固体和水配制成一定溶质质量分数的溶液，再量取该溶液与水进行多次稀释，得到较低质量分数的溶液，这样得到的溶液虽然精度不够，但对学生而言确是对溶液均一性的创造性应用。学生每每讲起家人或自己饮用自制饮料时，既有说健康爽口、味美难舍、一饮而尽的，也有讲糖放多了、果汁泛酸、色泽不佳的，还有讲想想容易、做做不易的。这样的实践性作业，起点不高，终点又可以很高，给学生的创新创造留下了充足的空间，也为学生发散性思维、创造性思维的发展搭建了平台，还是学科实践中渗透学科德育、落实化学育人的重要契机。

四、实践性作业的实施注意事项

首先，完成时间不宜过短。初中化学实践性作业经常需要提交图片、视频、音频、实物等各种形式的产品，学生很难在较短的时间内完成。因此，此类作业布置后，让学生用一周或十天乃至更长的时间完成，也可以利用周末、小长假等时间。

其次，完成主体适宜多元。实践性作业情境性、复杂性、操作性较高，涉及学科分析、创意设计、方案完善、材料准备、产品制作、性能检验等诸多环节，可以鼓励学生2—4人组成一个学习小组，分工合作，共同研讨，互相促进。

再次，评价方式适宜展示。实践性作业的最终呈现形式多种多样，有方案设计、创意产品、宣传表达等。不同形式的作业，很难用统一的标准进行量化评价，而功能展示、过程宣讲、操作演示等展示性评价则可以各美其美、美美与共。

最后，提倡创新，避免重复。实践性作业往往没有统一的标准答案，尤其是创意设计类的作业甚至难有参考答案，因此应守住科学性的底线，鼓励原创性的准线，画出创造性的曲线。

【作者简介】陈广余，男，江苏省常州市教科院附属初级中学副校长，高级教师。

（下转第36页）

基于传统与现代的"蓬美之艺"美术学科作业实践

◎ 陈圣方 / 江苏省常州市教科院附属初级中学

摘　要　"蓬美之艺"美术课程作业展示了传统艺术与现代创意的完美结合。美术课程作业设计认真贯彻艺术学科课程标准，从课程作业目标确立、实践作业内容架构、作业评价体系搭建等方面，通过基础性作业、个性化作业、综合性（学科融合）作业等设计，充分挖掘学科育人功能。传统与现代的对话作品既弘扬了传统文化，又融入现代审美和创新元素，呈现出独特的艺术魅力，激发了师生的创造力和想象力，为美术教育注入新活力。

关键词　蓬美之艺　传统文化　美术课程作业　作业评价

"蓬美之艺"美术工作坊在实践中将传统文化作为学生课后服务课程的抓手，以结构化、项目式、主题式学习为载体，积极开展"博学·雅艺"系列校本美术课程。美术课程作业是美术教学的重要组成部分，起到巩固知识、提升技能和锻炼素养的效能。[1]经过前期的大量调研，结合学校的地缘优势，通过课程作业目标的确立、实践作业内容的架构、作业评价体系的搭建，形成"扎根沃土确定作业目标、拔节向上巧设作业内容、落地生花强化作业评价"课程作业思路，让学生在围绕传统文化展开的课程作业中抽穗拔节，提高自主学习意识，激发创新实践能力，进一步增强文化自信。

一、扎根沃土确定作业目标

拉尔夫·泰勒提出，在课程开发的过程中，最核心的就是明确课程目标。[2]"蓬美之艺"美术工作坊以"做敦美蓬勃之人"为培养目标，始终坚守"让每一个生命如其所是地绽放"的蓬美课程理念，立足"审美感知、艺术表现、创意实践、文化理解"美术学科核心素养，整合各学科资源，善用自然资源、历史资源及本土文化资源，通过"欣赏、体验、感受、探索、总结、想象、创作、评价"等作业实践，引导学生深入理解、感受艺术作品的美，给学生创造一个宽松的学习空间，培养人文精神和审美能力，促进个性发展，强化交流互动，力求使学生充分展示个人特色，将课堂所学转化为具有社会影响力的作品，进而推动学生的全面发展。

"蓬美之艺"美术工作坊在理念迭代和资源探究的基础上，课程教学注重学习活动与学生生活的联系，主张个性化实践、互动性评价、创意性作业、自主化选课，对于大而空的"说教式"教学模式进行本质上的规避，根据实践的需求以及教学对象的特点，组织多维度、跨学科的实践教学活动。

二、拔节向上巧设作业内容

中华民族拥有五千多年的文明史，其中蕴含着丰富的艺术瑰宝。国画、书法、民间工艺等传统艺术形式，不仅是中华民族的骄傲，更是学生了解传统文化的重要窗口。在课程作业设计中，我们以传统艺术形式为载体，引入现代艺术元素，引导学生深入了解并掌握其中的精髓。通过组织学生参观现代艺术展览、观看艺术家现场创作等活动，拓宽艺术视野，激发创新思维。此外，我们注重美术与其他学科的整合，如语文、历史、自然科学等，通过主题性学习、项目式探究等方式，引导学生综合运用各学科知识解决实际问题。这不仅有助于提高学生的艺术素养，也有助于培养他们的跨学科综合能力。

（一）"预热"把脉

在课前学情调查中，虽然大多数学生生长在常州，但常州文化意识比较淡薄，对家乡认识不够深入。于是，我们在课前设计了"预热"作业：利用假期各类社会实践活动，行走于家乡的老城古街、博物馆、美术馆等，全方位了解家乡，为课堂学习做好准备。如在《油灯博物》一课中，

我们以"探寻千年文明之光"为主题，历史、信息、美术学科的教师带领学生畅游在常州西太湖畔的油灯博物馆，通过跨学科教研、主题制定、任务设计、行前准备、实地探究、成果展示等系列活动，达到培育对学生终身有用的跨学科素养的目的，也为后续油灯橡皮章制作、紫荆博物馆展览等课程活动的拓展奠定良好的基础。

1. 挖掘博物馆资源与教学内容的契合点

常州油灯博物馆是全国范围内首家专业的油灯主题博物馆，也是世界范围内油灯藏品量最多、藏品历史文化价值最高的专题性博物馆。结合苏少版美术八年级下册第一课《生活的艺术——中国工艺美术》，可以利用油灯博物馆作为教学素材。馆内藏品从最简单的陶豆到繁复巧妙的西王母油灯，每一盏油灯都有着属于它的独特历史故事。油灯的前世今生是社会生活和时代变化的一个缩影，在一定程度上反映了一个国家历史沿革中各个历史时期经济发展的水平、科技发展的状况、审美趣味的变化。

2. 探寻博物馆资源与作业形式的生成点

通过讲解员的介绍，学生深刻了解了油灯与人的居住环境、油灯的材质、油灯的造型设计以及油灯与宗教的关系，感受到古人的生活智慧与美学哲思，感悟到油灯"燃烧自己、照亮别人"的中华文明高尚品格。结合苏少版美术七年级上册第八课《装点生活》，引导学生联系馆内作品及其背景，寻找自己最喜欢的油灯，深入了解它们并进行记录，在此基础上像艺术家一样构思，自行设计一款油灯。学生结合信息课上所学的Photoshop软件，为自己喜欢的油灯制作了有趣的表情包。通过前期研学，我们在校内课堂上继续与不同时期的油灯"对话"，引

导学生开启紫荆"印吧",为各式油灯珍品设计文创橡皮章。用造型勾勒历史、用纹样诉说文明,通过一枚枚精美印章,重新体验器物之美,感受文明之光。这不仅强化了学科间的整合,更培养了在真实情境中综合运用知识解决问题的能力。

(二)"自助"配方

作业内容的复杂性往往要求作业形式的丰富性。在整个教学过程中,美术教师须根据教学内容开发类型多样的作业。[3]在课程作业设计上,我们根据项目、主题内容设计一系列的单元主题作业,通过个性化的假期生活指导"私人定制菜单",把选择的权利交还给学生。学生可根据自身实际情况自主选择作业,完成任务。如在《常州古典园林漏窗之美》一课中,包括"记录漏窗""设计绘制漏窗""漏窗 Logo 设计""漏窗文创设计""校园漏窗毕业班纪念品""成果汇报展演"等微菜单,学生的动手创新能力以及喜好各有不同,据其所需,自主分配选择想要尝试的"菜品",也鼓励其勇于突破舒适区、尝试新技能。学生在自由行走的时空里,感受家乡自然之美、文化之韵,并不断完善自我、提升自我。

1. 找准地方资源与学生生活的切入点

提及古典园林,常州园林与周边苏州、扬州等城市相比,似乎颇为"冷清"。漏窗作为极具价值的园林建筑文化遗产,不仅是中国传统文化中颇有特色的艺术形式之一,也是对常州历史发展的见证,是常州地方民俗文化的重要组成部分,更是我们常州人文内涵和精神底蕴的城市名片。结合苏少版美术教材《园林·探幽》《用心灵接触自然》《变迁中的家园》《奇妙的墙》等课,以当地的美术文化为基础,充分挖掘当地的特色美术文化,以弥补教材中的内容,为学生提供了更加丰富多彩的美术学习内容,同时也增加对本土文化的了解程度,对家乡文化产生自豪感。师生携手在研究中共同成长,在实践作业中突破自我。

2. 把握地方资源与学生兴趣的立足点

泰戈尔说过:"不能把河水限制在一些规定好的河道里。"[4]学生的学习应脱离枯燥的单纯性绘画学习。《漏窗之美》一课采用"研学+实践"模式,带领学生踏足社会,通过自主查阅资料、确立研究内容、制订活动计划、问卷调查、实地走访、设计制作等不同的作业方式,了解关于常州古典园林漏窗以及园林的相关历史信息、艺术特征、现存状况、设计理念等方面的知识,深入认识这座历史悠久的三吴重镇、八邑名都,为保护现存古典园林漏窗元素找到价值与意义。学生在开放的情境中主动探索,亲身体验,在愉快的心情中自主学习,提高能力。

三、落地生花强化作业评价

作业评价作为课堂教学的有效延伸与补充,是促进学生学习的发展的手段之一,是学习评价的重要组成部分。[5]在"双减"政策背景下,评价的目的并非甄别和选拔,而是提升课后服务的品质和效果,教师需要关注学生的个性化需求,不能仅关注学生的最终学习成果,应采用多元的教学评价策略,促进学生的全面发展。评价功能需要突出改善;评价方式应从单一转向多元,关注学生的创意、情感体验、合作能力等多方面;评价标准应具有多维性和多级性,并从简单的好坏评价转向具体多样的评价。

1. 注重评价依据，完善评价体系

评价依据应基于学生的学习目标、课程大纲和教学目标等，确保评价内容与学生的学习实际紧密相连。同时，评价体系需要与时俱进，不断吸纳新的评价理念和方法，以满足学生个性化、多元化的学习需求。通过注重评价依据，完善评价体系，我们能够为学生提供更加精准、全面的学习评价，促进他们的全面发展。如在《雕琢物象，塑说常州》中，根据主题、欣赏、技法、构思、创作、展评六个模块，分别设置了不同的任务，根据不同的任务设定了学习任务单、研究报告、创作日志等不同的作业评价对象，评价对象翔实地记录了学生从过程、结果、发展三个维度的表现情况。评定先由学生自评，再同伴互评，最后由教师进行综合评价，旨在关注评价的多元性，突出评价的鼓励性。

2. 注重学生素养差异，增强学生自信

每一个学生都是独立的个体，所以教师不能采用模板化的评价方法，而是应该根据个体特点进行有区别的评价。在跨学科的课堂教学中，教学内容更加丰富，教师要对学生的学习兴趣、学习动机给予更高关注，并观察学生在进行独立思考、积极探索时的发展状态，给予合适的回应。不能单纯以好坏去评价不同的美术作品，而是要看到创作该美术作品的学生在品质、态度、知识、情感等方面的能力和变化可能。教师可以采用"长善救失"方法对学生进行鼓励，根据学生的个性特点，对学生的欠缺之处做出有针对性的引导，在相互交流的过程中，更多地去挖掘学生的闪光点，鼓励学生敢于表达自我，增强他们在面对复杂情境时的自信心。

在美术学科实践作业中，以学生为本位，构建以发展学生核心素养为要义的课堂，培养跨学科思维，采用多元教学评价，鼓励学生主动展示，始终是美术教育工作者努力的方向。

【作者简介】陈圣方，女，江苏省常州市教科院附属初级中学美术教师，一级教师。

参考文献

[1] 曹煜侠.初中美术有效性作业设计策略探析[J].甘肃教育研究，2023（11）：84—86.

[2] 泰勒.课程与教学的基本原理[M].施良方，译.北京：人民教育出版社，1994.

[3] 肖佳林.基于新课程标准浅谈美术学科作业设计[J].新课程研究，2023（08）：18—20.

[4] 李娅.泰戈尔民族主义观研究：传统和现代之间[D].武汉：华中师范大学，2023.

[5] 中华人民共和国教育部.义务教育艺术课程标准（2022年版）[M].北京：北京师范大学出版社，2022：115.

例谈核心素养视角下初中数学实践性作业的设计策略

◎ 冯　芸 / 江苏省常州市教科院附属初级中学

摘　要　数学源于生活又高于生活，是研究数量关系和空间形式的科学。数学实践性作业是联系数学学科知识与现实世界的纽带，能培养学生用数学的眼光去观察身边的事物，并运用所掌握的数学知识、技能和方法展开思考分析，解决生活中的实际问题，从而提升学生的数学素养。它可以弥补传统的数学书面作业以解题技能训练为主、脱离现实世界的困境。本文通过翔实的案例，探索作业主题联系生活实际、作业内容切合学生身心、作业类型满足多元需求的设计策略，并提出"双向合作化实施"和"多样化成果展示与评价"。

关键词　核心素养　初中数学　实践性作业

一、初中数学实践性作业的价值缘起

数学源于生活又高于生活，是研究数量关系和空间形式的科学。[1]新课标要求学生"会用数学的眼光观察现实世界，会用数学的思维思考现实世界，会用数学的语言表达现实世界"[1]。《基础教育课程教学改革深化行动方案》指出"引导教师提高教学设计和作业设计水平，鼓励科学设计探究性作业和实践性作业，探索设计跨学科综合性作业"。数学实践性作业是以提升数学素养、培养实践能力、发展数学情感为目标，以学生的亲身参与、实践操作、合作探究为主要形式的新型作业。它是初

中数学课堂作业的补充，也是课外作业的重要内容，具有趣味性、可操作性、活动性、探究性、综合性、开放性等特征。[2]

数学实践性作业是联系数学学科知识与现实世界的纽带，通过实践性作业，能培养学生用数学的眼光去观察身边的事物，并学会运用所掌握的数学知识、技能和方法展开思考分析，解决生活中的实际问题。数学实践性作业是将数学核心素养内化于心的重要渠道，大多涉及复杂、综合、跨学科等问题，可以弥补传统的数学书面作业以解题技能训练为主、脱离现实世界的困境。

创新作业类型，优化作业设计，在课

后作业中融入实践性作业，对于实现减负增效、提升初中学生的数学学习兴趣、培养数学素养具有重要价值。学生经历自主选择作业任务、小组协作制订方案、应用学科核心知识、解决真实情境问题、多样化展示作业成果的实践过程，能促进其对数学知识的深度理解，培养应用意识和创新能力。

二、初中数学实践性作业的设计策略

1. 作业主题联系生活实际

设计实践性作业的主题时，要将初中数学课堂学习的知识、方法与现实生活实际相联系，不仅让学生感受数学之有用，提升学习数学的兴趣，也是提升数学核心素养的必备前提。寻找合适的主题开展实践性作业，是需要教师结合生活不断开发的。

案例① 学习了《轴对称图形》，设计实践性作业主题："发现生活中的轴对称美"摄影展。学生十分感兴趣，仔细找寻身边能呈现轴对称美的物品或建筑，拍下照片，并升级了自己的摄影水平和修图技能。交上来的作品有建筑类的，如天宁宝塔、广播电视塔、市政府大楼、常州工学院、青果巷牌楼和春秋淹城牌楼等，也有生活物品类的，如吊灯、动车车头、机器人、毛绒玩具……原来我们的生活中数学无处不在，只要会用数学的眼光去观察。

案例② 学习了《二次函数的图像与性质》，设计实践性作业主题："球类运动中的抛物线探究"。男学生根据喜好组团研究身边各种球的运动轨迹，如篮球、足球、排球、羽毛球、乒乓球、实心球等，真人演示，建立平面直角坐标系，模拟画图，估算抛物线的表达式，估测最高点高度，并自编实际问题给组内成员解决。数学学科核心素养在学生完成实践性作业的同时得到了内化。

2. 作业内容切合学生身心

围绕同一个实践性作业主题，可以由教师设计不同的内容供学生选择，也可以由学生自主寻找符合主题的内容。内容的设计相比书面作业应更具趣味性，从而激发学生的主观能动作用；在实践过程中应方便学生操作，让学生在亲身经历的过程中获得成就感；结果应具有开放性，不设置标准答案，激发每一个学生的思维，发展创新精神。

案例③ 学习了《走进图形世界》，设计实践性作业：结合所学几何体知识，创意制作一个生活物品模型，材料不限，类型不限。学生积极踊跃参加，创作出许多富有创意、制作精美的作品。有的以足球为原型，从生活中寻找艺术的灵感，展现体育的魅力；有的以长征五号为原型，表现中华民族航天发展上的伟大复兴；还有的以相机为原型，告诉我们要善于观察，发现生活中的美……数学知识与素养在学生们的指尖绽放。

案例④ 学习了《相似三角形的应用》，设计实践性作业：巧用相似测量高度。生活中有许多物体的高度无法用常规的测量工具直接测量出来，例如，校园内的旗杆、马路边的大树、篮球场的篮球架、小区内的路灯……如何知道它们的高度呢？结合课堂所学"相似三角形的应用——平行投影和中心投影"，学生个个跃跃欲试，设计测量方案探寻自己想测量的物体高度，或独立自主，或小组合作，或家人齐动手，严谨测量与计算，从课堂走进生活，用有意义的实践活化知识，感受数学知识在生活中的应用价值。

3. 作业类型满足多元需求

根据数学课程内容，设计不同类型的初中数学实践性作业，让学生在丰富多样的实践作业形式中感受数学学科的魅力，多方位提升学科素养。

（1）游戏类。案例⑤ 学习了《有理数的混合运算》，设计实践性作业："利用扑克牌算24点"。以小组为单位开展，可自主设计游戏规则。例如，是否依据花色赋予正负性，是否找出多种列式方法，是否限时完成规定数量等，从而增加趣味性，让学生在游戏中不知不觉地增强数感，提高运算水平。

（2）设计制作类。案例⑥ 在中考倒计时100天的日子里，全校师生热血沸腾，人人为初三学子加油助威。以此为契机，开展实践性作业："品数学之美，助中考之威"中考加油图标设计，组织八年级学生运用轴对称与中心对称的知识，设计为中考加油的图案作品，将数学知识与美术相结合，将理论知识转化为实践力，用行动给学长学姐们加油。

（3）操作探究类。案例⑦ 学习了《展开与折叠》，设计实践性作业：寻找生活中的正方体盒子，并沿着棱剪开，展开成平面图形，看一共可以得到多少种不同的平面图形。可以小组合作，先动手操作，再思考探究：为什么剪开7条棱？为什么有11种平面图形？将动手实践与动脑思考相结合，探究现象背后的原理，提升数学思维。

（4）调查研究类。案例⑧ 利用寒暑假，结合统计知识，设计实践性作业：《初中生理财现状分析研究性学习》，通过小组分工合作，制订计划、开展活动、汇总成果、交流展示、活动评价，在项目化学习的过程中提升主动探究意识、问题解决能力与合作学习能力。

（5）表演类。案例⑨ 结合数学历史，设计实践性作业："数学名人故事会"，搜集任意一名数学家的相关资料，将其简介及主要事迹进行整理，选择"PPT＋朗诵"、音诗画表演、小品等形式中的一种，展现数学家的故事，学习他们的优秀品质，让榜样的力量传递数学学习的精神动力。

三、初中数学实践性作业的实施评价

1. 双向合作化实施

初中数学实践性作业采用"教师框架结构式指导"和"学生细化充分展开"双向合作化实施方式。首先，教师需要将作业的主题和要求告知学生，并提前预设可能发生的问题，给予指导性建议。其次，对于周期较长的实践性作业，教师要协助学生提前规划好时间节点，分板块安排完成进度，让学生不盲目，有计划，更有效地达成作业目标；对于复杂的、综合性强的实践性作业主题，需要采取学生小组合作的方式，教师也要提前给学生进行培训，让学生明确小组合作的适宜人数、组长的组织协调、组员的特长搭配及分工协作，再让学生自由组队并商讨细化作业实施方案，这对实践性作业实施过程的充分展开起到保障作用。在实施过程中，教师随时关注学生作业完成的进度和情况，并及时提供帮助。在以学生为主体，教师为指导的双向合作化实施的方式下，实践性作业才能真正发挥它内化素养的作用。

2. 多样化成果展示与评价

初中数学实践性作业成果的展现形式应多样化，根据不同的作业主题，可以灵活选择不同的成果展现形式，如小报、PPT、作品、视频、照片、设计方案、研究报告等。评价的内容不仅要关注学生提交的作业成果的质量，更要重视学生在过程中的情感、态度、价值观，如参与的态度、探究的兴趣、思维的活跃度、合作交流的能力、思考质疑的品质、创新见解的提出等。评价的主体除了教师评价，还可以加入自我评价、组内同伴互评、组间互评、家长评价，促使学生反思不足，并借鉴他人的方法与经验。

四、结语

"双减"政策下优化初中数学作业设计，创新作业形式，是初中阶段实现减负增效的有效路径。初中数学实践性作业的探索联系现实生活，关注学生多元化能力发展与素养提升，是未来人才培养之所需。

【作者简介】冯芸，女，江苏省常州市教科院附属初级中学数学教研组长，一级教师。

参考文献

[1] 中华人民共和国教育部.义务教育数学课程标准（2022年版）[M].北京：北京师范大学出版社，2022.

[2] 温建红，吴致光."双减"背景下初中数学实践性作业设计要素与策略[J].教学与管理，2023（31）：42—46.

基于党建工作引领学校高质量发展的实践探索

◎ 杨 艳 / 江苏省扬州市邗江实验学校

摘 要 在学校发展中，要始终坚持为党育人、为国育才这一目标导向，将党建工作和教育教学工作有机融合，"围绕教育抓党建，抓好党建促教育"。扬州市邗江实验学校党委全面加强党的领导，以"五化"为抓手，努力以高质量的党建工作来推动学校高质量的发展。

关键词 党建 高质量发展 系统化 专业化 制度化 多元化 创新化

习近平总书记强调："我们要建设的教育强国，是中国特色社会主义教育强国，必须以坚持党对教育事业的全面领导为根本保证。"因此，如何做好基层学校的党建工作，充分发挥党建工作在学校教育教学中的地位和作用，进一步做好"围绕教育抓党建，抓好党建促教育"工作，从而引领学校高质量发展，是当前学校管理工作者应思考和探索的课题。近几年来，扬州市邗江实验学校党委全面加强党的领导，以"五化"为抓手，努力以高质量的党建工作来推动学校高质量的发展。

一、"系统化"抓思想教育，强化理想信念

（一）以集中培训为切入，突出思想武装

坚持以党员集中培训和组织教育为切入点，加强政治教育和政治引领。学校将意识形态工作纳入集中学习内容，强化党员干部的思想建设，层层签订师德师风承诺书、廉洁从教承诺书，先后举办讲廉洁故事、画廉洁作品、写廉洁书法等系列活动。按照创建学习型党支部的要求，借助每周支部主题党日学习的契机，将自主学习和集中学习相结合、讲党课与写体会相结合、党小组讨论与个人交流相结合，切实提高学习效果。定期针对党员学习内容查摆存在的问题并制订整改清单。深入学习党的二十大精神和全国两会要求，定期开展学习型先进党员和积极分子考评，让学习成为党员和积极分子的内在习惯。扎实开展支部书记上党课、党员干部开设微讲座、积极分子参与党建知识竞赛等活动，让党员在学习中筑牢信仰之基，在活动中

彰显先锋本色。

（二）以规范建设为抓手，强化理想信念

集团校党委整理并印发了《中共扬州市邗江实验学校委员会党建工作指导手册》《中共扬州市邗江实验学校委员会组织活动标准》等党建指导性文件，对学校各支部阵地建设进行标准化、规范化的管理，进一步推动学校党建工作提质增效，党支部的战斗堡垒作用愈发凸显。

在学校党委的统一部署下，各支部积极开展主题教育大讨论活动，把为民办实事、解决人民群众急难愁盼问题作为推动落实主题教育走深走实的具体举措，不仅"纸上学"，更在"事上学"，以为民办实事的"温度"拓宽主题教育的"深度"。[1] 在邗江区教育系统全面从严治党工作推进会上，学校党委围绕党风廉政建设和师德师风建设做经验交流发言，相关经验成果和特色做法受到高度评价。

二、"专业化"抓队伍建设，强化榜样引领

一是深入开展党员示范岗活动。党员教师"亮身份、亮承诺、亮职责"，发挥在"双减"、教育教学、科技创新等方面的先锋模范作用，党支部设立"邗实党员教师先锋岗"，公开承诺，亮身份；"一个支委蹲点一个年级组"，推动教育教学常规工作、教研活动开展，有力推动新教师能力提升；"一个党员结对一名特异学生"，并肩携手，家校共育，让迷茫中的孩子感受党员老师的温暖；"一个党员结对一名青年教师"，帮助青年教师快速成长；"一个党

员上好一节示范课"，扩大党员骨干教师的辐射和引领作用。

二是精心实施师资成长工程。学校构建条块结合的德育工作模式，从组织上保证学校德育工作的实施。通过导师引领、集中观摩、专题研讨、实践研修、学习反思等方式开展培训，提高班主任教师队伍的专业化水平，建设有较强实践能力、创新能力和教育研究能力的高水平班主任队伍。以"智慧树成长学院"为载体，引导青年教师树立良好的教育价值观。

学校党委扎实推进教师"双培养"工程，不断推动教师队伍建设和学校党建工作的深度融合；积极搭建"双培养"教育实践锻炼的平台，在各类研修培训、承担教育课题研究或到基层薄弱学校支教等方面，优先安排"双培养"对象参加；持续实施"青蓝工程"结对培养，最大限度地发挥广大党员、教学骨干的模范带头和示范引领作用，将政治思想提高与教学业务能力提升作为青年教师"拔节"的标准，助力"双培养"对象快速成长，把讲台上的话语权牢牢掌握在党的手上。

三是积极凝聚"团""队"后备力量。学校团总支、少先队秉持党建带团建，团建跟党建的宗旨，在学校党委的正确领导下，发挥党的后备军和得力助手的作用，扎实推进"团""队"各项建设，以丰富的活动推动家校实践创新，与扬州市各博物馆、图书馆、文化中心等文化场所建立合作关系，积极开展"走进润扬森林公园"等社会实践课程。学校先后荣获"全国优秀少先队集体""江苏省青少年活动先进集

体""江苏省少先队队前教育试点学校"等荣誉称号。

三、"制度化"抓作风建设，强化监督管理

（一）坚持党的领导和依法治校相结合

学校章程明确党组织的设置形式、地位作用、职责权限、参与决策机制和党务工作机构、经费保障等内容要求，规定学校支委会在学校工作中的政治核心、监督和保障作用。建立党组织与行政管理层联席会议等制度，学校校长兼任党支部书记，每周一次的校长办公会议讨论决策学校具体事务，对涉及学校党的建设、思想政治工作和德育工作以及涉及学校发展规划、重要改革、人事安排和师生员工切身利益等重大事项，党组织参与行政会议讨论，并起到决策作用。[2]

（二）坚持民主集中和程序决策相结合

学校党组织坚持民主集中制，对学校发展的重点问题，坚持做到科学决策、民主决策、依法决策。首先，党组织充分开展调查研究，深入了解具体情况，把握重点问题的关键症结，形成初步解决方案。其次，在调查研究的基础上，组织工会、关工委、教代会以及家长委员会，进行充分讨论，广泛听取师生员工和家委的意见和建议。最后，学校党组织根据已经掌握的情况，展开集中讨论，在广泛民主的基础上做出最终决策。

（三）坚持廉政建设和师德教育相结合

坚持党内监督与党外监督相结合，进一步贯彻落实"三重一大"议事决策制度，规范重大事项决策行为；进一步坚持党务公开、校务公开，促进学校党风廉政建设工作向纵深发展。[3] 依托学校党建品牌项目，通过制度建设提升"高度"，组织建设增加"厚度"，思想建设挖掘"深度"，作风建设拓展"长度"，队伍建设彰显"温度"，在"五度融合"中扎实推进师德师风建设，加强教师队伍建设，推进学校各项工作全面发展。

四、"多元化"抓德育工作，强化体系形成

学校深入贯彻落实全国教育大会精神和习近平总书记重要讲话精神，聚焦"培养什么人、怎样培养人、为谁培养人"，坚持抓统筹，抓融合，将党的领导贯穿学校办学治校全方位，将党的建设融入立德树人全过程，形成了新时代抓党建促德育工作的新格局，有力促进育人质量提升。

（一）打造精致校园文化

学校积极对校园环境进行改造、升级，美化校园环境，优化育人土壤，让校园成为师生遇见自己、悦见未来的美好处所。学校积极开展"非遗文化进校园"等活动，邗上分校民歌社团项目验收成功，成为校园的亮丽风景；新盛分校"三色花"场馆为师生交流提供温暖港湾。由此，学校先后获评"全国文明校园创建工作先进单位""扬州市书香校园"。

（二）突出校本育人导向

坚持全员、全过程、全方位育人，将社会主义核心价值观融入课程，着力规范招生入学和考试管理，坚持"五育"并举，

根据上级教育主管部门文件要求，印发校本化的劳动教育实施意见，着力改革教育教师评价、学生评价。

学校作为江苏省基础教育前瞻性教学改革实验重大项目"幸福教育育人模式的区域实践探索"项目（已结题）的核心子课题承担校，重点探究"学校幸福教育育人模式的构建与实践"。

（三）推动思政课改革创新

认真做好《习近平新时代中国特色社会主义思想学生读本》校本化教材编写、发放工作，深入推进新思想进教材、进课堂、进学生头脑。坚持以培育和践行社会主义核心价值观为根本，积极推进未成年人思想道德建设工作。实行"分段式"德育管理模式，开展德育系列活动，如一年级开笔礼、三年级十岁成长礼。充分利用好乡土红色资源，探索大思政德育建设，实现学科融合，打造"红色邗实+"思政课一体化建设德育品牌。《江苏教育报》《教学与管理》等教育学术期刊先后深度介绍学校幸福教育校本实践创新特色成果，相关办学纪实和经验案例被广泛收录于《幸福教育育人模式的区域实践探索》等幸福教育系列丛书。江苏教育新闻网对学校《融入区域特色"双减"落地生根》进行专题报道。

五、"创新化"抓教育教学，强化成果转化

（一）丰富学校高质量发展新内涵

通过学校校报、微信公众号、学校网站等校园文化平台，充分发挥党建引领阵地作用；组织开展丰富多彩的校园文化活动，营造全方位育人的良好氛围。学校以《小强人考核方案》《分校捆绑考核+增值评价方案》等为支撑，不断探索完善全视角、全过程和全质量的人本化考评。《小强人考核方案》取消三好学生评选，进行各种才艺特长生和单项优秀生评选。为更好地彰显评价的过程性，《小强人考核方案》实行了月度评价机制，让学生对标发现，看见成长。"全质量（全员质量、全面质量、全程质量、全方位质量）校标教育评价"实践成果入选江苏省"基础教育十大典型案例"。

（二）打造学校高质量发展新引擎

1. 顶层设计，嵌入式集团办学

在学校党支部领导下，建立健全集团化办学新模式。邀请教育局领导及集团各分校的领导现场开展研讨，延续"文化共融、制度共通、研修共磨、资源共享、活动共展"的集团化运作方式，常态化开展联合教研、联合督导、"导师+""四有"好教师团队名师走教等多种形式的教育教学研讨，涉及全学科，有序推进"1+X"集团化办学的进程，被中国江苏网专题报道。教学视导走深走实，集团办学共促共进。邗实集团作为邗江区最美团队，受到区委宣传部重磅宣传。

2. 常态督导，赋能日常教学

针对学校发展立意高、办学规模大的状况，学校党支部充分发挥行政部门和团队的凝聚力和战斗力，建立健全管理实施机制，实现集团、部门、级段的联动管理，提升管理品位和效应。首先采用定期督查

的方式，每周一次的备课组和教研组活动聚焦课堂教学，记录具体，量化评分，注重反馈和跟进。其次采用专项督查的方式，以问题为导向，学校从行政听课、巡课、备教改检查中发现问题并进行督查，如作业管理专项督查、课后服务专项督查、体育活动课专项督查等。

3. 课程研发，助力成果转化

幸福课程应该尊重学生的身心发展规律，以学生的生命发展为本位，使每个学生各取所需，各尽所能，各得其宜，各美其美。以特色课程为例，学校积极研发适合校情、学情的幸福课程。创新推动"二十四节气""幸福小厨成长记"跨学科主题学习的实施；结合"双减"要求，创新实施"天宫课堂""诗词里的扬州"等实践性作业，充分展现学校课程教学改革的

前瞻意识和领衔地位。2023 年，学校申报区课程改革精品项目 3 个，对话"天宫课堂"、数学微讲坛、"万物生长：种子的旅行"跨学科融合课程建设等，均获好评。

习近平总书记强调："要处理好党建和业务的关系，坚持党建工作和业务工作一起谋划、一起部署、一起落实、一起检查。"在学校发展中，要始终坚持为党育人、为国育才这一目标导向，将党建工作和教育教学工作有机融合，全面推进学校高质量发展。

【作者简介】杨艳，女，江苏省扬州市邗江区实验学校邗上分校党总支书记，高级教师，邗江区中小学科技教育名师工作室领衔导师，江苏省优秀科技指导教师，扬州市优秀少先队辅导员。

参考文献

[1] 李广耀.推进党组织领导的校长负责制[N].中国教师报，2022-06-15（15）.

[2] 王永亮.引领高质量办学：新时代学校党组织书记的追求与实践[J].中小学管理，2023（07）：21—24.

[3] 张德祥.完善党委领导下的校长负责制的运行机制[J].国家教育行政学院学报，2022，292（04）：8—9.

美育浸润下学习场场域的有效开发

◎ 高行亮 / 浙江省杭州市临平区吴昌硕实验学校

摘　要　教育部颁布的《关于全面实施学校美育浸润行动的通知》中明确强调，美育要落实到中小学教育教学活动中来，浸润是重要策略，各个学校要依托学校真实情境，挖掘资源，建立美育浸润载体资源。建构学习场，发挥学习场场域效应是美育浸润的重要载体和路径。吴昌硕实验学校进行有效实践，产生了很好效果。

关键词　美育　浸润　学习场　协同　评价

美育作为"五育"之一，虽排在德智体之后，却是学校"五育"并举工作推动的一个重要方面。美育陶冶着学生心灵，涵养着学生品质，能够更好地带动或推动德智体劳的发展。国家在落实"五育"并举之后，重点指出了美育在学校落实的重要性。2023 年 12 月 20 日，教育部专门印发了《关于全面实施学校美育浸润行动的通知》，要求学校发挥美育育人功能，依据学校实际情况，确立切实可行的育人目标，并要找到适合的载体，进行有效推进和实施。吴昌硕实验学校是以大师吴昌硕命名的九年一贯制学校。为落实美育浸润，学校挖掘开发了一个个学习场，对应一个个主题，以活动浸润的方式实施美育渗透建构，这就是学校倡导的美育浸润学习场场域开发。两年多的实践下来，吴昌硕实验学校里已产生了积极效应，形成了具有学

校特色的美育浸润学习场。

如何通过学习场场域切实有效地开发、开展大美育下的审美教育、情操教育、心灵教育和创新教育？吴昌硕实验学校提出美育教育推动大德育教育的想法，主要通过学习场场域开发来设置情境，结合美育育人目标整体建构贯彻落实，并在小组活动、班级活动、学校整体活动中开展，从而获得润物细无声的美育浸润效果。

学习场场域作为美育浸润的重要资源，能够让学生从学习场中得到美的熏陶，丰富学生想象力，培养创新意识，提升学生审美素养，陶冶情操、温润心灵、激发创新创造活力，从而有效地发挥学校美育的育人功能和育人成效。华东师范大学终身教授袁振国提出：美育为"五育"中的一项重要内容，要与"四育"协同落实。学校依据袁振国教授的思想，以学习场场域

作为活动载体，以美育为抓手，推动美育与德智体劳"四育"的协同落实，取得了很好的成效。

一、立足学习场打通美育与"四育"的协同发展

中国现代教育家蔡元培说："美育的基础，立在学校。"意思是说学校是美育教育的关键，是全面施行有序、科学的美育的关键。抓好学校美育要建立课堂教学之外的磁场，要将美育与德智体劳协同落实。吴昌硕实验学校以学习场场域为载体，将美育与其他"四育"协同落实做了实践，取得了很好的成效。

1. 依托学习场，落实美育与德育的协同

美育表征为审美品质和欣赏美的品味，是超越个人利益，服从国家利益的德育品质。如蔡元培所说："美育之目的，在陶冶活泼敏锐之性灵，养成高尚纯洁之人格。"[1]学校除了音乐、美术、创艺等课堂之外，建构各种学习场，让学生在学习场物化环境中，学会审视美、欣赏美。如在吴昌硕塑像学习场，实施"了解名人—欣赏名人作品—品读名人品质—学做名人"的涵养步骤，让学生搜集吴昌硕名人材料，走近名人，欣赏吴昌硕诗、书、画、印等作品内容，涵养欣赏美、品味美的素养，做好人生成长规划。审视欣赏美是美育；学做名人、做好人生规划、树立价值取向则是德育。如果把美育和德育比作大树的某个部分，美育如同枝叶，德育如同树干，美育是树干的外在形体表现。蔡元培在《美育与人生》中谈道："人人都有感情，而并

非都有伟大而高尚的行为，这由于感情推动力的薄弱。要转弱而为强，转薄而为厚，有待于陶养。"[2]美育的有效落实能够很好地推动德育的发展。在抓好美育与德育的协同方面，吴昌硕实验学校德育处做了很好的规划与落实，也使得学习场发挥着美育与德育协同纽带作用。

2. 依托学习场，落实美育与智育的协同

智育是通过学习获取知识、技能、思维、想象力和创造力的方式。很多学校将智育作为学校重点工作来抓，他们认为提高学生成绩就是教育的成功。其实，美育推动下的智育发展才是当前学校的工作重点。江苏省锡山高级中学校长唐江澎说："学生没有分数，就过不了今天的高考，但如果只有分数，恐怕也赢不了未来的大考。"智育虽很重要，但在美育推动下的"五育"并举才是高质量教育的终极目标。

美育可以培养人的想象力和创造力，也就是说美育可以有效激活学生智育中的想象力和创造力。学校就是在学习场场域磁吸效用中，进行美育浸润和教育，促进学生智育发展。具体来说，就是将美育落实到各个学科教学中来，并从课内走向课外。如荷塘学习场，语文教师布置的任务是浏览学校三个小荷塘，观察荷塘的水、荷塘的岸、荷花生长、荷花盛开等，并落实近观、远观、俯观等不同视角，品味荷塘四季之美，发挥想象与联想，写生绘画，并写作文，还要写好推介文，让学生展示荷塘的四季美。同样是依托荷塘学习场，科学学科是观察荷花的生长变化，在欣赏美的同时，学会区分根、叶、茎，懂得水

是植物生长的重要条件。这是依托荷塘学习场的物理空间，将美育教学与学科教学深度融合，获得美育与智育的协同发展。

3. 依托学习场，落实美育与体育的协同

身体健康、强壮是美。运动更能够体现健康之美，如田径、网球、乒乓球、篮球、羽毛球、跳高、跳远、街舞等都能够展现力量的美、运动的美、姿态的美。美的动作、美的神态、美的活动，这些都体现了美育与体育的融合与协同的重要作用。吴昌硕实验学校非常关注学生体育的健康教育。每天阳光体育运动一小时，不论刮风、下雨都是照常进行。其重要的载体就是体育学习场，具体有体育馆、连廊跑道场、体操馆。体育学习场将美育课与体育课建构建模，让学生在体育训练中获得美的审美和美的教育。如体育场训练篮球时候，要求学生能够说出运球、投篮的动作要领，什么样的动作才是科学的、美丽的，学生将篮球训练当成美的训练，兴趣就强烈了，也就肯吃苦、能吃苦、会吃苦了。再如在体操训练中，女生对着镜子欣赏自己的动作之美、身材之美，就会有极大的获得感、成就感。美育与体育协同，能够更好地推动体育课堂的开展，激活学生的内驱力，也能够推动美育的发展。

4. 依托学习场，落实美育与劳动教育的协同

劳动创造美，表现为劳动过程的美丽，落实成果的美妙。通过劳动教育，劳动实际操作能够非常好地促进美育教育。《义务教育劳动课程标准（2022年版）》中明确提出劳动教育要成为学校重要内容，要求

专门设置劳动课，安排专业师资，并且学校要建立劳动基地。吴昌硕实验学校建有两块精致的劳动基地，其中一块基地四周围圈，建有农家廊道。劳动门头"硕果农场"，寓意吴昌硕实验学校硕果累累。农场内的井字形田块，每个班级认领一块。播种什么，什么时候播种，由班级自行决定。学校于春秋两季节开办播种节和收获节。依托劳动课程，发动学生参与到播种、过程管理、收获中来，不仅对五谷作物生长习性、耕作知识有所了解，更是寓教于乐，在学习的过程中感受劳动的美、劳动者的美。学生在无声无息的劳动中真正获得了美的教育和美的发展。

二、立足学习场场域建构评价体系

科学合理的评价能够积极有效地推动前期过程的开展，并对后期教育策略路径的优化起到改进作用。美育浸润评价体系建构，围绕评价方式和评价主体两个维度，量化学生在美育活动中感知美、体验美、鉴赏美、涵养美、创造美，并建立科学的审美观，落实立德树人根本任务。

1. 立足方式多样化评价

依照归纳论原理，评价方式可以归纳为形成性评价和结果性评价。形成性评价关注学生在接受美育浸润过程所表现的不同阶段的反应，评价落实在过程之中，重点落实到音乐、美术、创艺等艺术培养中学生的学习情况、阶段性成效。结果性评价倾向于学生在接受美育教育后所产生的效果，表征为结果性总结，评价落实在结果上，重点落实到音乐、美术、创艺等艺

术浸润后产生的成绩效果。

吴昌硕实验学校美育教育依托的是学习场场域浸润，按照九年一贯制不同学段特点，建构了"和美"少年美育评价模型，即小学1—6年按照层级颁发五育硕果章，初中7—9年级按照层级颁发四色评价卡。每个月颁发一次美育硕果章，每个学期做一次总结。

2. 立足主体多元化评价

美育教育评价要遵循规范性、公正性、民主性、示范性原则。这就要求评价不仅要关注学生自我评价和自我改进，还要关注生生评价，以及教师评价。新课程标准强调教学要发挥教师和学生双主体作用，落实好自我评价、生生评价、师生评价，简称为"三维评价"。美育浸润过程要落实三维评价，结果也要落实三维评价。通过评价促进和改进过程的精细、精准，促进结果更优化生成。

自我评价。美育教育的主导者是学校，落实美育教育的主体则是学生。学生在接受美育教育过程中要及时对效果进行动态归纳收集，做好自我评价并有效改进，从而细化美育教育的过程，提高美育教育的质量。[3]

生生评价。美育浸润分为有形浸润和有神浸润。有形浸润落实到音乐、美术、创艺课堂上的审美、鉴美、用美、传美中；有神浸润落实到过程中和结果中的学生精神品质素养提升。在美育浸润过程中，有形浸润体现在学生之间相互评鉴、相互评价、促进改进。这是可看、可圈、可点的评价。有神浸润表现为学生品质素养的形

成，这个需要通过具体做事才能体现出来，需要学生之间较长时间的观察才能做出评价。落实有形评价和有神评价，能够将评价和改进向深处发展。

教师评价。美育浸润，教师的评价发挥着重要作用，同时贯穿美育教育的始终。评价教师可以是班主任，也可以是音乐、美术、创艺学科教师，还可以是团队辅导员。借助学生在主题学习场场域环境浸润中获得美的熏陶和浸染，从而取得德智体美劳"五育"发展。

三、立足学习场场域美育浸润成效

立足学习场场域磁场效应，有效开展美育浸润的实践，并采取评价倒推和改进美育浸润的路径。吴昌硕实验学校取得了一定成效，成功立项了杭州市"十四五"规划课题"学习场：九年一贯制学校学习空间的共建与共用实践研究"（2023G084）。2024年3月26日，《德育报》发表美育浸润专题报道文章《学习场：九年一贯制学校美育浸润有效载体》。美育浸润被评为临平区特色项目。在美育浸润中，学生优秀品质得到提升，展现了很多好人好事。2022年2月，702班杨雨晨同学捡到一万元现金，冒着严寒等待失主，多个小时等不到失主后交到了临平派出所，经过多方寻找，终于找到失主，是一位70多岁老爷爷。老爷爷原本取钱是给老伴住院的，不料弄丢了，害怕丢钱的事使老伴病情加重，也就没有宣扬。当月，杨雨晨拾金不昧的事迹获得临平电视台、杭州市电视台、浙江卫视、《杭州市都市报》等多家媒体报

道。杨雨晨也被浙江省教育工会授予"红船少年"荣誉称号。学习场作为美育浸润的有效载体，出现了典型事迹，赢得了家长的口碑，获得教育局领导的充分肯定，也成为学校德育浸润场的特色品牌。

习近平总书记强调："教育是提高人民综合素质、促进人的全面发展的重要途径。"[4] 按照习近平总书记的要求，吴昌硕实验学校契合九年一贯制的特点，把"提高学生综合素质、促进学生全面发展"作为学校办学的终极目标，以美育为抓手，借助学习场场域效应，落实美育浸润过程，更好地推进德智体美劳"五育"并举工作。经过两年多的实践，学生审美素养得到提升，道德情操得到陶冶，美好心灵得到温润，创造力也得到激发。

【作者简介】高行亮，男，浙江省杭州市临平区吴昌硕实验学校支部书记、校长，正高级教师，江苏省特级教师。

参考文献

[1] 袁振国.美育的力量在于融合 [J].中国教育学刊，2024（03）：1.

[2] 刘苏阅.蔡元培美育思想及当代价值 [J].河北师范大学学报（教育科学版），2024（02）：36.

[3] 王宇蒙，霍楷.美育背景下高校素质教育改革研究 [J].创新创业理论研究与实践，2022，5（14）：107—109.

[4] 习近平.做党和人民满意的好老师 [N].人民日报，2014-09-10（01）.

刚柔相济：县域交流轮岗工作持续推进的尺度与策略

◎ 龚向东 / 江苏省南通市海门区中小学

摘　要　义务教育学校校长教师交流轮岗建立了"以县为主的工作机制"，以明了县域教育全面发展、学校互惠互利、校长教师惠泽桑梓的目的和意义，落实自觉自愿流动、双向多项选择的行动策略，最终形成以全面优质均衡为导向重点关注核心数据，以社会认可度为导向结合年度综合考评，以教育教学质量为导向把增幅作为考核评价关键指标的刚性和柔性相结合的评价机制，从而促进交流轮岗工作有实效、重长效。

关键词　县域交流轮岗　教育优质均衡　实效长效

江苏省教育厅《关于进一步做好义务教育学校校长教师交流轮岗工作的通知》（以下简称《通知》）直指义务教育全面优质均衡发展的进一步深化，完善了策略，明晰了要求，归属了责任，确定了"以县为主的工作机制"[1]。县域教育主管部门在政策执行过程中须做到执行尺度和实施策略刚柔并济，以期达到实效和长效并举的目标。

一、明晰持续推进校长教师交流轮岗的目的和意义

《通知》明确，交流轮岗可以"实现教育公平、办好人民满意教育、打造高质量基础教育体系"[2]，这是总原则，在县域执行过程中还要思考：

（一）县域教育主管部门站在全面发展教育的高度，促进学校强弱结合

一个地区先进学校的产生，一是有历史传承。这样的学校办学历史悠久，文化底蕴深厚，人文资源丰富，荫蔽当地几代人，具有极强的社会影响力。二是因人而兴，一个好校长就是一所好学校。一批有思想、情怀，有智慧、行动的教育者，以一己（或一个团队）之力创办或改变学校而被群众高度认可。三是上级评定认可并有政策支持。在特定阶段，曾经评定过省级"模范学校""示范初中""实验小学"，目前仍有市级"优质学校"评定。

这三种情况独立中又有交叉。前两种

情况学校文化的长期传承特征和校长（或团队）的强势个性特征明显，并非交流轮岗领衔学校的最佳选项。第三种情况是上级部门观照学校的社会影响、办学质量、师资队伍、科研水平、硬件建设等诸多因素综合评定出来的，既有典型性又有示范性，理应是主力军。以之领衔交流轮岗，以先进带动后进，以优质帮扶薄弱，以富余填补缺失，促进协同发展，效果比较好。此类学校多数分布在城区，但部分地处乡镇的先进学校更具原生性，故交流轮岗用"强弱结合"来表述更贴切。

（二）学校站在互惠互利的高度，以各自所长补对方之短

每一所学校都有过人之处，即使所谓的薄弱学校也有优秀教师、相对突出的学科或项目。多一个尺度衡量，就会多一所交流轮岗的贡献学校。

随着《通知》出台，预示交流轮岗进入攻坚克难阶段，既要在学业质量上重点关注，更要在素质教育特别是学生德智体美劳全面发展上做重点突破，体育、艺术、科学等紧缺学科便在关注之列。

以校园体育为例，田径、球类项目是课堂教学主流，跳绳、啦啦操、轮滑、武术等也都是学生喜爱的传统项目，甚至是击剑、射箭、街舞、三门球、小轮车等小众项目有条件也可以给学生提供选择的机会。单所学校的体育教师无法完成这样的工作，有条件地开展全职交流轮岗，条件尚不成熟的按《通知》建议实施"跨校联聘、多点执教"是很好的办法。

（三）校长教师要站在惠泽桑梓的高度，自觉成为"新乡贤"

在交流轮岗工作开展过程中，绝大多

数校长的政治站位和职业价值追求是值得肯定的，但是部分教师有些困惑。这是因为"轮岗教师对于轮岗工作的目的、价值和意义的认知出现误解……没能认识到这项工作对我国教育发展、社会发展的重要意义……对自我价值的认知也出现了偏差……产生心理无力感、职业迷茫和职业倦怠"[3]。可以通过"内""外"结合的方式，满足教师受到尊重的需求。

内部尊重即激发教师实现更高人生价值的愿望，把交流轮岗作为突破自我专业发展瓶颈、实现自我教育理想、实施更广泛的教育实验、关爱帮助更多的少年儿童的重要手段。教育部《关于加强新时代乡村教师队伍建设的意见》提出的"注重发挥乡村教师新乡贤示范引领作用，塑造新时代文明乡风，促进乡村文化振兴"[4]，不单是对乡村教师的期许，也是对赴乡村学校交流轮岗教师的要求。

外部尊重即通过发现交流轮岗工作中的榜样教师，表彰先进教师，奖励具有特别贡献的教师，宣传相关先进事迹，彰显教师作为知识分子的精神，在广大教师队伍中树立标杆，甚至要将交流轮岗成绩优异的派出学校和流入学校办成某个区域传道济世的道德高地，培育成"新乡贤"的根据地。

二、落实持续推进校长教师交流轮岗的行动策略

交流轮岗工作的持续推进须在自觉自愿流动、双向多项选择等方面展开研究。

（一）"自觉自愿流动"的公益情怀可以传播教育正能量

把交流轮岗作为校长教师和派出学校

体现公共意识和社会责任感的重要路径，那么他们就会成为参与交流轮岗的主体。

1.“名特优”人员的交流轮岗属于自觉自愿范畴

《通知》增加了“加强县域内骨干教师和优秀校长统筹管理和均衡配置”，“在教师获评‘名特优’教师后，由县级统一管理配置”的要求[5]。而“名特优”人员评选文件也均有获评前有参与交流轮岗工作经历，获评后要服从安排参加交流轮岗的要求。以江苏省教育厅、省人力资源社会保障厅《关于开展第十六批特级教师评选工作的通知》为例，明确“义务教育学校教师在交流轮岗学校发挥积极示范引领作用”。《江苏省特级教师评选和管理办法》有“充分发挥辐射带动作用，服从组织安排到乡村学校、相对薄弱学校任教”的要求。[6]“名特优”人员在参评时已经知晓了管理要求，在获评后享受了因承诺承担相关义务而获得的专业荣誉、社会地位、经济收入等，可根据实际情况安排该类人员交流轮岗。

2.一般人员可以采用征询意见的方式赋予其自觉自愿参与交流轮岗的权利

《通知》要求，“确保每年交流的骨干教师不低于交流轮岗教师总数的20%”[7]，也就是说，参加交流轮岗的非“名特优”人员占了绝大多数。只有将交流轮岗政策的社会价值、公益情怀、教育意义等解读清晰，做好教师的思想工作，制定出科学有效又符合教师工作生活实际的操作制度，配套以关心教师工作和生活待遇的保障机制，才能确保交流轮岗工作顺利和谐、高效优质。

（二）“双向多项选择”的公平民主符合“供需”双方要求

按照“双向多项选择”的方式提供交流轮岗机会，更符合人力资源管理“情投意合、人尽其才”的原则。

县域教育主管部门先在调研基础上公示交流轮岗的意向学校、岗位、人员等。将符合年度交流轮岗条件的校级干部和“名特优”教师安排至亟待改变现状的薄弱学校。然后由交流轮岗的“供需”双方分别提出流出和流入的意向。“供”方学校提出本校可提供交流轮岗的教师信息，分为可以全职派出、可以多点执教等；流出教师提出本人自愿支教（或顶岗）的意向性学校，按意向强弱依次排入志愿表。“需”方学校在拟到本校交流轮岗的志愿中选择教师，并根据本校意向强弱依次排入志愿表。两所以上学校同时选择某一位教师的，以学校前列志愿教师为准；志愿位次一致的，以教师前列志愿学校为准。确需教师支教但又在双向志愿选择中“脱靶”的，由上级部门在未入选教师中二次征询意见。

《通知》提出了“组团支教”，除了文件中提到的“鼓励采取校长＋管理人员、骨干教师3—5人组团交流”[8]外，遴选优秀教研组与相对薄弱的学科组之间交叉式支教和顶岗、捆绑式考核，效果要比教师单打独斗好很多。

三、实现持续推进校长教师交流轮岗的科学评价

针对县域和学校的考核由市级和县级教育主管部门分别实施，针对交流轮岗校长教师的考核建议由派出和流入学校外的第三方实施。

（一）针对县域的考核应以全面优质均衡为导向，关注核心数据

区域教育优质均衡发展是交流轮岗工作

的目标，抓师资队伍均衡是一个关键要素。《江苏省义务教育优质均衡发展县（市、区）评估细则》对县域内义务教育学校配备高于规定学历要求教师、骨干教师、体艺教师的系数都做了明确的规定。[9]《通知》则在学校教师职称上提出了要求，"将同类学校高级教师……比例差异系数，作为考查县级教师交流轮岗执行情况的重要依据"[10]。值得注意的是，《江苏省义务教育优质均衡发展县（市、区）评估内涵解读》更倾向于交流轮岗后全职在岗的教师，只是"对50人以上但不足100人的乡村小规模学校和教学点"，在考核统计的时候，才"包含交流轮岗、兼职、走教的音乐、体育、美术专任教师"[11]。其中的"走教"与《通知》中的"跨校联聘、多点执教"有共通之处。

（二）针对学校的考核以社会认可度为导向，结合年度综合考评

在县域范围内，教育主管部门对学校有年度综合考评，其中包含交流轮岗，无须另行实施，在此不赘述。

（三）针对校长教师的考核以质量为导向，指向增长指标

校级干部和管理人员发挥领导作用，带领或协助一个学校（部门）文化兴校、精神立校、制度治校，得到社会的认可。

相关人员即可列入教育主管部门任职考核"优秀"等第候选和拟提拔进一步任用的范围。反之，可做暂缓提拔甚至免降职处理。

"名特优"教师发挥示范引领作用，充分利用自身教育科研、课堂教学的优势，带领本学科或多学科集体备课、跨校教研，在区域学科质量监测中领先进位，得到师生的认可。相关人员即可列入"名特优"教师年度考核"优秀"等第候选。反之，缓聘或取消"名特优"教师身份。

一般教师可以发挥志愿者的作用，带好一个班级，呵护一批学生，在学校质量检测中领先进位，得到家长学生的认可，则可享受相应待遇，并在评优评先中列入候选。反之，选择"微躺平"，教好教差一个样，甚至所带班级不进反退，则要考虑取消待遇并予以诫勉问责，直至列入师德考核重点关注对象。[本文系江苏省教育科学"十四五"规划课题"区域乡村教师人才振兴的实践研究"（编号：J-b/2021/07）的阶段性研究成果]

【作者简介】龚向东，男，江苏省南通市海门区中小学教师研修中心教科室主任，高级教师，江苏省教科研工作先进个人。

参考文献

[1][2][5][7][8][10] 江苏省教育厅.关于进一步做好义务教育学校校长教师交流轮岗工作的通知［EB/OL］.（2023-05-16）［2023-06-20］.http://jyt.jiangsu.gov.cn/art/2023/5/16/art_58320_10894607.html.

[3] 余国志.教师交流轮岗：大趋势下的小细节［J］.人民教育，2023（08）：39—41.

[4] 教育部等六部门.关于加强新时代乡村教师队伍建设的意见［EB/OL］.（2020-08-28）［2023-06-20］.http://www.moe.gov.cn/srcsite/A10/s3735/202009/

t20200903_484941.html.

［6］江苏省教育厅　江苏省人力资源社会保障厅.关于开展第十六批特级教师评选工作的 通 知［EB/OL］.（2021-07-30）［2023-06-20］.http://jyt.jiangsu.gov.cn/art/2021/7/30/art_58320_9957681.html.

［9］江苏省教育评估院.江苏省义务教育优质均衡发展县（市、区）评估细则［EB/OL］.（2021-08-04）［2023-06-20］.http://jyt.jiangsu.gov.cn/art/2021/8/4/art_62647_9961844.html.

［11］江苏省教育评估院.江苏省义务教育优质均衡发展县（市、区）评估内涵解读［EB/OL］.（2021-08-04）［2023-06-20］.http://jyt.jiangsu.gov.cn/art/2021/8/4/art_62647_9961846.html.

（上接第 13 页）

参考文献

［1］中华人民共和国教育部.义务教育课程方案（2022 年版）［M］.北京：北京师范大学出版社，2022.

［2］吴爱兄，宋金萍.立足学科实践　提升学科素养——双减背景下物理实践作业的设计与实施［J］.物理通报，2023（04）：56—59.

［3］中华人民共和国教育部.义务教育化学课程标准（2022 年版）［M］.北京：北京师范大学出版社，2022.

［4］余文森.学科育人价值与学科实践活动：学科课程新标准的两个亮点［J］.全球教育展望，2022，51（04）：14—15.

幼儿教师专业道德的内涵、特点及建设途径

◎ 俞涵茜 / 江苏省泰州市幼儿园易居城分园

黄翠萍 / 江苏省泰州市姜堰区教师发展中心

摘　要　幼儿教师专业道德是其专业发展最深层的核心动力，也是检验其专业化程度的重要标志。因此，对幼儿教师专业道德的内涵、特征进行深入探讨，探寻幼儿教师专业道德建设的有效途径，必然会不断推进教师的专业化进程。

关键词　幼儿教师　专业道德　内涵建设

《幼儿园教师专业标准（试行）》颁布多年，幼师的专业地位已得到了进一步明确，幼师已不再是过去一般意义上的"保姆""阿姨"等角色了，但也预示着"逐步提升专业发展水平"已成为幼儿教师发展的主要方向。幼儿教师的专业化，不仅是单一技术主义取向的专业化，更重要的是道德建设的专业化。目前，由于幼儿教师师德建设要求不够具体，针对性不强，直接导致了当前幼儿教师师德建设无论是从内容还是途径都只是行走于云端，难以接到地气；也有园所对教师进行师德培训，但往往只是停留于讲座的层面，与教师在平时工作中遇到的道德冲突难以自洽，致使一些有悖师德修养的教师言行不断出现，直接拉低了社会对幼师队伍素质的整体评价。笔者认为，教师专业道德比师德这个

概念可以更准确地体现幼师专业劳动的特性，只有将职业道德建设直接转向到专业道德建设，才能使师德建设成为有本之源，也才能使陶行知先生的重要思想真正落到实处。

一、幼儿教师专业道德的内涵

幼儿教师专业道德，是指幼儿教师在保教工作及专业发展过程中必须遵守的道德规范和行为准则，是指幼儿教师在从事保教工作中形成的道德原则的总和，包括专业责任、专业精神和专业良心等基本要素，并体现在教师组织幼儿一日活动的各项环节中。幼儿教师专业道德是其专业发展最深层的核心动力，也是检验其专业化程度的重要标志。因此，对幼儿教师专业道德的内涵、特征进行深入探讨，探寻幼

儿教师专业道德建设的有效途径，必然会不断推进教师的专业化进程。

二、幼儿教师专业道德的特点

幼儿自我保护能力相对较弱，必须依靠国家的法律保障与社会、家庭和幼儿园教师的伦理关怀。幼儿无力改变自己所受到的不当对待，除非是教师自己及时觉察并加以修正。一名幼儿教师即便工作能力再强，教学再优秀，如果德行不好，家长都不敢把孩子交到其手里。因此，幼儿教师专业道德建设迫在眉睫。

幼儿教师专业道德作为规范专业行为的准则，绝对不是游离于专业行为的一种装饰，而是与专业行为密切相关。这也是陶行知先生的那句"抱着这种精神去教导小朋友"的重要体现。专业道德的核心是基于教师对专业工作、对孩子的爱，其主体是对专业工作、对孩子的责任。

三、幼儿教师专业道德的建设途径

从心理层面上讲，幼儿教师专业道德的理论模型结构由道德认识、道德情感、道德意志与道德行为四个要素构成。

（一）夯实理论根基，提升专业伦理道德感

陶行知强调，教师和学生之间要培养"相亲相爱的关系"。我国明代著名心学大师王阳明认为，人人均有良知，无须向外追求。在教师的专业生活中，只要不忘初心，都能够使教师在追求高尚道德生活时，产生实现人生价值的充实与满足感，也会进一步强化教师对自己生命意义的关注、

向往和追寻。因此，要激发幼儿教师的内心道德需要。

道德情感是道德认知和道德行为的发动机，而道德感可分成直觉道德感、想象道德感、伦理道德感。如教师看到磊磊吃饭太慢，刚想训斥时，突然有种罪恶感，这就是直觉道德感的产生。当看到毛毛总是发音不清，反复示范总也不见效，想批评孩子几句时，想到园里的黄老师总是极其耐心地陪伴、引导班上的孤独症孩子，立即深感羞愧，这就是想象道德感的产生。班上大部分孩子都会跳绳了，只有芳芳总也学不会，张老师深感失望。可是经过调查发现芳芳是班上年龄最小的孩子，而且是个早产儿，张老师在学习了《3～6岁儿童学习与发展指南》后，反思自己，立即升腾起了强烈的罪恶感。这种通过理论学习获得的情感就是伦理道德感，这是最高的道德原则。随着教师读书越来越多，理论学习不断深入，越发觉得自己以前的言行不当，再不好好学习理论还会出现更多对不起孩子的言行。"教师的角色化存在是一个有着很深厚的道德范导意义的角色化存在。它总是凝聚着教师对自身使命的某种'敬畏'。……敬畏必然表现为道义、良知和职责，事实上它通过教师角色的耻感来体现'有所为有所不为'的道德自律，体现为道德责任感和道德使命感。"[1]当道德感这个发动机开始工作后，教师的专业发展也就起航了，这是教师专业道德的核心。

幼儿教师的专业道德具有较强的向善性，外在的善表现为以谋生为主，可带来

财富、荣誉与地位。内在的善是以促进幼儿全面和谐发展为目的，这并不能直接给教师带来物质利益，但教师却在这种内在的需求中获得情感的满足和信仰的力量，这也是我们幼儿教师最大的善。如刮龙卷风时幼儿园教师用自己的身体抵住门，宁可自己受伤也要保护孩子的安全，就是把确保孩子的生命安全放在第一位的表现，这就是一种专业道德精神的体现。客观地讲，幼儿教师的专业道德是其"以谋生为基础并促进专业发展"，最终"促进幼儿成长"为目的而从事的教育及相关活动。通过榜样示范、理论学习、理性思考，结合专业生活中各种各样的情境，从而在教育生活、学习生活、研究生活中去创造性地实施自己的专业道德行为。

（二）尊重教师人性，完善专业道德体系

幼儿教师首先是人，养家糊口是其最基本的需求，这是不可回避的现实。因为幼儿园环境创设需要加班，而孩子没人带，家里还有老人需要照顾，这些都是教师面临的困难，不能因为教师总是强调自己的私事而认为其缺乏奉献精神。排斥教师利益的道德本身毫无道德可言。教师对薪水的追求、对荣誉及权益的向往本身就无可厚非。但如果极度追求个人的自我实现，而对责任和良心完全无视，就走向了极端利己主义的一面，这是不可取的。

幼儿教师离开了专业道德规范的提升来谈专业化提升，始终难以提升自己的专业声望。幼儿教师专业道德体系的建设是一个不断完善的动态过程，在这个过程中，

必须明确专业道德规范的细则，将指标和判断标准融合到专业知识、技能、责任、信念中，这样才能让教师明确努力方向。

幼儿教师的教育生活、教育过程与教育目的具有同一性，就是给孩子带来一个幸福而有意义的童年。教育的本质是交往，因此，教育内容、教育方式或手段，尤其是师幼交往所表现出来的观念情感及行为，直接构成了与幼儿教师专业生活相匹配的专业道德核心框架体系。

（三）植根教育情境，外化专业道德行为

陶行知先生曾经这样说过："捧着一颗心来，不带半根草去。你们抱着这种精神去教导小朋友，总是不会错的。"[2] 这种既形象又简洁的表达，是幼儿教师专业道德与专业行为相互融合的最好诠释。教师专业知识的丰富和专业技能的娴熟程度，标志着教师敏锐地洞察到教育活动中任何一个教育细节的能力，发现细节对幼儿身心发展的利弊。教师真正为了孩子一生的幸福而培养各种良好的习惯，他就会非常耐心地通过各种途径让幼儿主动学习，产生积极情绪。

希希和东东平日里总是喜欢一起打闹，规则意识薄弱。毕业典礼那天希希表演的是钢琴独奏，孩子们都羡慕得不行。可东东说："我觉得希希的钢琴弹得很一般，我还会吹葫芦丝呢！"笔者问："那你愿意表演葫芦丝吗？"东东答应了。第二天，东东背着葫芦丝骄傲地进了班，演奏了他的几首拿手曲目，孩子们羡慕的掌声让希希又不开心了："哼！他会吹葫芦丝，我还会弹

琴呢!"于是,笔者建议他俩合奏《欢乐颂》,合奏在孩子们的阵阵掌声中结束,希希和东东开心地抱在一起笑了。笔者告诉孩子们:"每个人都有独特的地方,你会钢琴,我会葫芦丝,都很厉害,要学会欣赏同伴身上的优点,才会拥有更多的朋友。"在这个案例中,教师本着对孩子浓浓的爱和强烈的责任心,在具体的教育情境中,悉心点亮每个孩子心中的自信之灯,同时又引导孩子心中有他人,这是对孩子未来发展的最好奠基,也是教师专业道德和专业能力同时精进的具体体现。

(四)建构"外铄"机制,促进专业道德内生

专业道德奖励机制的合理建设与执行,会将教师的道德心理和道德经验迅速转化为内驱力,逐步从他律走向自律。

要确定教师专业道德评价标准体系,运用多元评价方式,打破现行评价的不合理机制,促进教师专业道德的成长。如教幼儿学会跳绳,如果园领导只是一味追求每个幼儿都能达到一定数量,就是违背教育规律的不科学的评价机制。教师明明知道幼儿之间存在差异,有些幼儿的动作就是难以协调,但为了完成考核任务,只得逼着幼儿一直练。因此,必须从管理上进一步建立科学、合理的专业道德评价标准。

当然,"外铄"并不能真正提升教师的专业道德水平,只有当外在的专业道德要求不断内化成教师的自我道德需要时,教师就会从他律逐步走向自律。

一种专业之所以成为"专业",除了专业人员本身所具有的专业素养外,公众对于该专业人员的道德也抱有很高的信任与期待。[3]教师的专业发展与其专业道德往往会出现共同提升的现象。因此,要通过多种平台,使教师的学习能力与实践水平不断提升,产生积极的效能感,不断享受到成功的喜悦,得到孩子的喜爱、家长的信任与同事的欣赏,这样,教师的专业道德水平也会得到相应的提升。

【作者简介】俞涵茜,女,江苏省泰州市幼儿园易居城分园教师,一级教师;黄翠萍,女,江苏省泰州市姜堰区教师发展中心研训员,江苏省特级教师,正高级教师。

参考文献

[1] 周洪宇.陶行知教育名篇精选[M].福州:福建教育出版社,2013.

[2] 樊浩,田海平,等.教育伦理[M].南京:南京大学出版社,2000.

[3] 黄藿.教育专业伦理[M].台北:五南图书出版公司,2004.

坚持公益普惠性质　加快学前教育发展

◎ 朱　磊 / 江苏省盐城市盐都区教育局

摘　要　推进学前教育公益普惠发展是群众的期盼，也是各级政府的职责。本文聚焦"为什么推进"和"怎样推进"两个问题，从政策层面、发展层面、群众需求层面进行了深入分析，并从抓规划、抓改革、抓队伍、抓监管等方面提出推进办法，为区域推进学前教育公益普惠发展提供了可借鉴经验。

关键词　学前教育　教育服务　公益普惠

学前教育是国民教育体系的重要组成部分，是人生教育的起点和开端，是幼儿健康成长和终身发展的基础，也是重要的社会公益事业。近年来，我们聚焦学前教育公益普惠发展，认真开展调查研究，全力找准发展中存在的问题与不足，并对今后工作进行了深入思考。

一、大力推进学前教育公益普惠的意义

（一）从构建高质量教育发展体系看，必须坚持学前教育的公益普惠方向

党的十九届五中全会做出了我国已经进入高质量发展阶段的重要判断，并明确"建设高质量教育体系"的政策导向和重点要求。学前教育对整个教育体系具有重要影响，将发展学前教育纳入高质量教育体系建设的重大任务，对于学前教育的稳步发展和建设高质量教育体系都至关重要。教育部原党组书记、部长陈宝生在《建设高质量教育体系　加快建成教育强国》一文中强调要夯实高质量教育体系根基，完善普惠性学前教育支持体系……加快健全国家基本公共服务制度体系，努力让青少年儿童都能享有公平而有质量的教育，为其谋生发展打好基础。[1]因此，推进公益普惠性学前教育发展是加快构建高质量教育发展体系的要求。

（二）从推进教育公共服务均等化看，必须大力推进学前教育公益普惠发展

教育公平是社会公平的基石。推进教育公平，让所有人都能平等享受均等化的公共教育服务是国家对教育发展的基本要求。中共中央、国务院印发的《关于学前教育深化改革规范发展的若干意见》中提出，到2020年，全国学前三年毛入园率达到85%，普惠性幼儿园覆盖率（公办园和普惠性民办园在园幼儿占比）达到80%。广覆盖、保基本、有质量的学前教育公共服务体系基本建成。

到 2035 年，全面普及学前三年教育，建成覆盖城乡、布局合理的学前教育公共服务体系，形成完善的学前教育管理体制、办园体制和政策保障体系，为幼儿提供更加充裕、更加普惠、更加优质的学前教育。[2] 可见，加快构建公益普惠的学前教育服务体系，也是推进教育公共服务均等化的必然要求。

（三）从创建学前教育普及普惠区看，必须加快推进学前教育公益普惠发展

目前，江苏省盐城市盐都区正在全力冲刺全国学前教育普及普惠区。《县域学前教育普及普惠督导评估办法》明确，学前三年毛入园率达到 99%；公办幼儿园和普惠性民办幼儿园在园幼儿占比达 85%，省市优质幼儿园在园幼儿占比达到 90%；公办园在园幼儿占比达到 65%。[3] 另外，对教师队伍配备、保育员和保健教师配备、教师工资待遇等指标都有明确具体的规定。盐都区推进学前教育普及普惠发展存在的短板、问题和弱项究竟有哪些、问题的症结在哪里、采取什么样的措施才能推动解决，正是我们开展此项课题研究的真实目的和意义所在。

二、推进区域学前教育公益普惠发展的思考

发展公益普惠学前教育是各级政府的责任。盐都区目前正在抓紧创建全国学前教育普及普惠区，结合调研发现存在的不足，为推进创建工作进程，我们重点从以下几个方面持续发力，加以推进。

（一）抓规划，统筹学前教育未来发展

一是强化学前教育发展领导。区委、区政府将提供公益普惠学前资源供给纳入民生实事，系统推进学前教育普及普惠发展。二是加强资源供给预警分析。充分考虑人口变

化、城镇化进程、省市公共资源配置要求等，认真编制全区学前教育资源供需情况分析报告，把学位需求弄得更加精确，敦促公办学位供给不足的板块超前规划布点，提高学位供给"满足率"。三是加快公办园建设进度。督促驻近城街道加快小区配套园建设进度或装修进度，确保新建的小区配套幼儿园都办成公办园，确保公办园覆盖率只增不减。四是加大普惠园认定力度。积极动员尚未接受普惠性民办园认定的规模园进行认定申报，提升规模园数量，进一步扩大普惠资源供给，让群众真正得到实惠。

（二）抓改革，促进学前教育品质发展

一要着力提高办园标准。以省市优质幼儿园创建和复审为抓手，着力推动幼儿园办园上等级、提水平。对已经获得省优质园认定的，认真回头看，督促各幼儿园加强软硬件提升；凡是达不到复审标准的，严格摘牌；对能够通过省优创建或复审的幼儿园，要确定年度目标，推动省优公办资源的持续扩大。二要优化教研责任区建设。参照中小学集团化办学和教共体建设改革，放大教研责任区建设成果，科学调整教研责任区，形成"优质园＋新建园＋民办园"协同发展格局。通过同频开展教研活动，搭建互动学习平台，园长教师轮岗交流、业务指导、"比学赶超"等方式，实现强弱互补。三要引导家长更新教育观念。积极引导家长尊重儿童的天性和认知规律，支持幼儿园开展科学保教，自觉抵制拔苗助长、违反儿童身心健康的错误做法，并通过广泛宣传，努力在全社会树立正确的儿童观、教育观和质量观。

（三）抓队伍，夯实学前教育发展基础

一要多渠道补充幼儿教师。人社、教育

部门按照核定编制数，在今后补充教师的各类招考中，逐步配齐配足幼儿园缺编教师。探索和建立"区级统一考录，幼儿园自主聘用"制度，规范幼儿园聘用教师的管理。二要规范幼儿教师资格准入。建立公办学前教育师资统一管理制度和民办幼儿园教师的注册登记制度，规范民办幼儿园教师聘用，逐步提高民办幼儿园教师的整体水平。督促民办园依法与聘用人员签订协议，明确待遇、聘期和义务，防止产生遗留问题。三要加强园长和教师培训。通过名师结对、跟班听课、挂职锻炼等形式，定期定人对幼儿园教师进行培养培训。将园长、教师继续教育列入年度考核、职称评定等考核内容。要建立激励机制，鼓励教师专业成长。同时，要运用多种有效措施，引导和鼓励优秀幼儿教师到师资力量薄弱的幼儿园和农村幼儿园任教。四要保障非编教师待遇。出台公办园非编教师工资调整方案，建立非编教师工资待遇逐年增加机制，尽快缩短差距，逐步达到同工同酬要求。

（四）抓监管，保障学前教育有序发展

一要高度重视幼儿园安全管理。严格按照"谁主管、谁负责""谁办学、谁负责"的原则，建立健全安全管理制度和责任追究制度，全面落实安保人员和安防设备，加强日常检查和不定期巡查，严防发生各类安全事故。二要坚决防止民办园"爆雷"。制定出台民办幼儿园管理办法，从加强党的建设、财务管理、质量建设、安全管理、年检年审等方面出台具体细则。加大财务管理力度，加强资金流向监管，建立监管账户，坚决防止卷款跑路现象发生。探索建立民办幼儿园退出机制，对不能继续办园的引导转型发展或终止办园。三要强化保教质量监督指导。根据国家和省市出台的学前教育质量评估监管制度，结合实际，修订完善幼儿园保教质量评估检测标准，进一步完善学前教育质量管理制度，加快形成评估检测体系。

推进学前教育公益普惠发展，既是群众的期盼，也是政府的责任。我们将以昂扬奋斗的姿态和实干实效的行动，努力把好事办好、把实事办实，加快推动学前教育普及普惠发展，努力办好人民满意的学前教育。

【作者简介】朱磊，男，江苏省盐城市盐都区教育局学前办主任，盐都区教师发展中心学前教育教研员，高级教师。

参考文献

［1］陈宝生.建设高质量教育体系 加快建成教育强国［J］.旗帜，2020（12）：8—10.

［2］中共中央 国务院.关于学前教育深化改革规范发展的若干意见［EB/OL］.（2018-11-07）［2024-06-24］.https://www.gov.cn/zhengce/2018-11/15/content_5340776.htm.

［3］中华人民共和国教育部.关于印发《县域学前教育普及普惠督导评估办法》的通知［EB/OL］.（2020-02-18）［2024-06-24］.www.moe.gov.cn/srcsite/All/s6500/202002/t20200228_425372.html.

指向幼教品质整体提升的幼儿园课程游戏化建设

◎ 王小波 / 江苏省泰州市姜堰区教育局

摘　要　基于区域发展现状，聚焦关键问题解决，坚持以推进学前教育内涵建设与促进幼儿发展为核心目标，分层分步深入推进幼儿园课程游戏化建设。明确"以儿童为中心"的课程理念，通过向内聚力和向外借力两种途径，大力实施"环境变革、生活自主、放手游戏、课程优化、科学衔接"五大行动，提升区域教研力、课程领导力和观察反思力，促进保教质量和幼教品质的整体提升。

关键词　课程游戏化建设　幼儿发展　保教质量　幼教品质

当下，深入落实"以游戏为幼儿园的基本活动"，提升课程实施质量，促进幼儿生动、主动、活泼地成长已经成为学前教育领域的共识，就如何贯彻落实《3～6岁儿童学习和发展指南》《幼儿园保育教育质量评估指南》等精神要求[1]，推动区域幼儿园课程游戏化建设，积极开展全覆盖的区域性实践和探索，笔者认为，需要从以下几个方面集中发力，彻底解放幼儿的天性，释放区域学前教育活力，全面提升保教质量和幼教品质。

一、明确一个中心

通过理念重构、进阶阅读、实践转化，进一步站稳儿童立场，明确"以儿童为中心"的课程理念。全区幼儿教师的儿童观、课程观、游戏观不断优化聚焦，从为了幼儿发展走向基于幼儿发展，从成人视角走向幼儿视角，从关注教师的"教"转向关注幼儿的"学"，从关注儿童的生活和游戏入手，在反思性实践中彰显"以儿童为中心"的价值追求，将"相信每个幼儿都是积极主动、有能力的学习者"的理念根植于心。

二、依靠两种力量

一方面，向内聚力。构建"1+5+N"项目研究共同体，即"1"个区专兼职教研团队；"5"个项目研究小组，包含"有准备的环境""生活即教育""游戏中幼儿的深度学习""基于经验的课程资源建设""科学幼小衔接",区域层面遴选了 5 个项目建设牵头园,通过双向选择、自主结对、城乡联动、区域合作等形式组成项目研究共同体,采用点上着力、线上联结、面上推进的方式,形成"名园领衔、共研共思、经验辐射"的研究样态。同时,致力于争取家长成为共同保护儿童游戏权利的同盟军,让家长走进游戏场亲身体验,从而理解、认同、支持游戏。另一方面,向外借力。先后邀请多名省内外学前教育专家实地调研、开设讲座,深入现场问诊把脉,进一步厘清思路,深入推进项目建设;利用一切机会和资源,参加学习培训,多次在线聆听专家报告,更加深入地理解课程游戏化的内涵和实质;带领园长和教师走进省内外知名幼儿园,在跟岗学习、现场观摩、问题式教研中进一步明晰课程游戏化建设的具体路径。

三、提升三个能力

一是提升区域教研力。持续改进教研模式,从各园当下的办园实际及面临的主要问题出发,深入开展基于实际、聚焦问题的探究式、沉浸式、任务驱动式教研。根据区域相对集中突出的问题和需求,系统架构区域教研和园本教研的阶段目标与重点内容。遵循"诊断、研讨、实践、反思"四个步骤的研究路径,静心"看"——找亮点,察问题;沉浸"研"——研路径,寻策略;实际"做"——勤实践,促发展;深入"思"——常总结,找差距,全面提升区域和园本教研的质量和实效。二是提

升课程领导力。聚焦园长队伍这一课程管理群体,通过"园长读书大赛""业务园长沙龙""课程建设经验论坛"等活动,在思辨、交流、对话、碰撞中,让园长的课程理念更坚定,课程实施路径更明晰,对课程的管理、把控、调整更适切。三是提升观察反思力。积极开展基于现场的观察和解读儿童行为的专题教研,观察地点由室内到户外,观察方式由单次到连续,观察内容由材料提供到游戏行为及儿童经验获得,在"观—研—思—践"中不断提升全体教师"科学观察—正确解读—有效支持—实践反思"的专业能力。

四、强化四个关注

关注游戏保障。通过幼儿在园活动时间的调整优化、游戏环境的改造变革、游戏材料的增添投入,进一步保障了幼儿游戏的时间、空间和材料,真正把游戏的权利还给幼儿,让幼儿每天都有充分的时间、开放的空间和丰富的材料开展自主游戏。

关注游戏精神。幼儿一日生活各环节中着力渗透"自由、自主、创造、愉悦"的游戏精神,幼儿在幼儿园有更宽松的氛围、更弹性的时间根据自身兴趣和需要安排进餐、盥洗、游戏等一日活动,学习场域从室内走向户外、园外,学习方式更加突出主体性、实践性、开放性,幼儿逐渐成为生活和学习的主人。

关注表征反思。鼓励、支持幼儿通过绘画、讲述等方式进行表达表征,重视游戏后的分享讨论环节,引导、支持幼儿对游戏经历进行回顾反思,同时留出更多的

空间和墙面支持幼儿展示、交流游戏的表征记录，让幼儿的经验看得见、思维看得见、学习看得见。

关注师幼互动。减少教师不必要的事务性工作，确保教师有更多的时间和精力用于对幼儿的观察、倾听、对话、记录和支持，通过有力、有效的师幼互动，了解幼儿真实的想法和体验，走进幼儿丰富的内心世界，发现每一个了不起的幼儿，发现幼儿在游戏中有意义的学习。

五、实施五大行动

环境变革行动。从儿童立场、课程视角以及游戏精神出发，推动幼儿园"六区七角"游戏场建设行动，着力优化幼儿游戏与学习环境。一是调整游戏空间，让幼儿有地方玩。主要做了三个工作：建——从"无"到"有"，因园制宜改造室内外场地，增加环境的趣味性、开放性和挑战性，将园所每个角落都打造成幼儿的游戏场；拆——从"有"到"无"，将带有高控规则和装饰性的墙面、吊饰等全面拆除，留白区角和墙壁，把游戏空间都还给幼儿；改——从"师"到"幼"，尊重幼儿的兴趣和需求，让幼儿充分感受、表达、表征后共创环境，有效引导和支持幼儿的学习和探究。二是丰富游戏材料，让幼儿有东西玩。主要做了三个改变：材料种类从"高结构"到"低结构"，除了添置积木、滚筒、梯子等材料外，充分利用本土资源，收集砖瓦、纸箱、轮胎等材料，推动游戏的深入开展；投放方式从"集中"到"分散"，增设若干材料区，在每个游戏区提供丰富的低结构材料，满足幼儿就近拿取搬运的需求，让材料玩法和功能更开放；收纳整理从"包办"到"自主"，在各游戏区提供收纳架、收纳筐等收纳工具，方便幼儿发现、使用、归还游戏材料，让材料看得见、拿得到、放得回。

放手游戏行动。为进一步落实"放手游戏　发现儿童"的游戏理念[2]，必须做好以下两个方面工作：一方面，强化理念认同。组织园长、教师深入学习理解《幼儿园保育教育质量评估指南》精神，坚持儿童立场，进一步落实以游戏为基本活动的要求。坚持每月一个主题，每次一个现场，先后聚焦"环境创设""材料投放""看见儿童"等内容开展沉浸式、持续式教研，引领教师重新认识儿童、发现儿童。另一方面，强化措施跟进。进一步认识到"放手不等于放任"，放手游戏对教师的专业能力要求更高。通过现场研讨、行为诊断、对话思辨、实践反思，引领教师尊重幼儿、相信幼儿，学会观察、学会倾听，形成儿童视角，锤炼教育智慧，成为幼儿自主游戏有力的支持者和推动者。

生活自主行动。以学习的视角对待幼儿的生活自理，结合幼儿年龄特点，尝试生活环节的自我服务和自主管理，落实"一日生活皆课程"的理念。点上，聚焦入园、进餐、午睡等一日生活的各个环节，每阶段确定一个重点研究环节深入研讨，充分挖掘生活环节的教育价值，支持幼儿的学习和发展。面上，教研重点从生活环节的自主管理到生活过渡环节的优化、一日生活中的深度学习等，循序渐进，扎实推进，创设立体多元的亲生活体验场，大力变革幼儿在园的生活模式，让每个幼儿都能成为生活的小达人。

课程优化行动。从课程审议、课程改造、课程资源库建设三个方面着手，让幼儿园课程更加贴近幼儿的生活，更加贴近幼儿的学习特点和兴趣需要。一是加强"园—片—区"三级课程审议。加强课程审议的学习、研讨，建立课程审议"三研""三审""三议"制度，提高课程实施的成效。二是分层推进课程改造。城乡、公民办等各级各类幼儿园从园所实际出发，关注儿童的兴趣和需要，关注周边资源的开发和利用，着力探索课程园本化实践。三是建立各级课程资源库。幼儿园从自然、社会、人力、文化资源四个维度形成本园的物化资源室和电子资源库，园园绘制课程资源地图；区域层面建立资源共享平台，利用姜堰教育网和城乡联动机制，初步实现全区课程资源共建共享。

幼小衔接行动。结合区域教育实际和国家、省市文件精神要求，锚定"科学幼小衔接"靶向用力、精准施策。一是突出重点。以《教育部关于大力推进幼儿园与小学科学衔接的指导意见》精神为指南，立足课程实施现状与"幼小衔接"中的现实短板，找准着力点，聚焦关键点，区内幼儿园实现全面推进、全员卷入、全程参与。二是突出联动。建立学段互通、内容融通的联合教研机制，夯实教研过程，深化教研实效，搭建幼儿园和小学深度交流合作的桥梁。三是突出精准。践行"双向奔赴 有效衔接"的理念，基于儿童立场，创生课程套餐，从身心、生活、社会、学习等方面建构准备期和适应期课程内容，凝聚家园共育合力，积极探索基于区域实际的幼小衔接指导策略。

致力于"儿童立场观照下的课程游戏化"的实践探索，需要全体幼教人筑基思变、回归本源，不断锤炼自身"硬功夫"，提升教育"软实力"，全面提升幼教品质，还给孩子活泼泼的童年。[本文系江苏省教育科学"十四五"规划课题"艺术疗法在小学心理健康教育中的应用研究"（编号：B/2023/03/98）的阶段性研究成果]

【作者简介】王小波，男，江苏省泰州市姜堰区教育局幼教教研员。

参考文献

［1］ 中华人民共和国教育部.幼儿园保育教育质量评估指南［EB/OL］.（2022-02-10）
［2024-06-14］.https://www.gov.cn/zhengce/zhengceku/2022/02/15/content_5673585.htm.

［2］ 程学琴.放手游戏 发现儿童［M］.上海：华东师范大学出版社，2021：50—58.

关注博物意识，建设适宜课程

◎ 王　丽／江苏省南通市海门区机关幼儿园

摘　要 在幼儿园博物教育中，需要关注幼儿的生活及"广泛关注、深入观察、精心欣赏、积极探究"的博物意识，通过统整多方资源、多种经验、多类课程，让幼儿在观察、欣赏、探究中，关注周围生活中的自然资源、社会资源，主动获取多种经验，从而在幼儿园里的博物馆、生活中的博物馆中生成适宜课程。

关键词 博物意识　课程建设　STEM 课程

儿童的发展是一个整体，过程中需要注重整合，让儿童在生活、游戏中获得发展。在"九五"至"十三五"期间，幼儿园分别进行了"幼儿园科学启蒙教育的实践研究""利用科学绘本，提高幼儿科学素养的实践研究""幼儿园科艺整合实践研究""完整儿童理念下幼儿园 STEM 课程建设"等课题研究。从关注领域教学到关注领域整合，再到完整理念下的整合课程研究的发展动态，关注课程的统整、关注儿童的真实生活。在"十四五"期间，幼儿园申报了江苏省基础教育前瞻性教学改革实验项目——"统整理念下'儿童博物'课程建设"，基于儿童博物意识，进行"童·博"统整课程实践研究的课题研究。从科学探究到博物实践，注重以儿童为中心，在课程统整理念下，以 STEM 实践为主线，聚焦儿童的活动现场，统整儿童成长中的时空、人文等课程资源，研发适宜课程。

虞永平教授指出：对幼儿开展博物教育的核心价值就是培养幼儿的博物意识。所谓博物意识，是指让幼儿自主地、积极地观察、感受、体验和探索，从而引导幼儿广泛感知客观世界和人类文化，在丰富的、适宜的材料和环境的帮助和支持下，让幼儿能够获得更加鲜活的、完整的经验的意识。其核心内涵为"广泛关注、深入观察、静心欣赏、积极探究"。幼儿园应该通过多种形式，让儿童的活动更丰富、游戏更精彩、课程更鲜活，让博物意识成为一种良好的学习品质，为儿童的深度学习和终身学习奠定良好的基础。

一、广泛关注，统整多方资源

幼儿园附近资源丰富。教师帮助幼儿广泛关注周围生活，引导幼儿收集园所附近一定范围内的各类自然资源、社会资源和人力资源（机构、基地、材料、有专长的人员等），形成所在幼儿园的教育资源地图，为幼儿的丰富活动、精彩课程提供条件。

1. 关注自然博物

《幼儿园教育指导纲要》和《3～6岁儿童学习与发展指南》中提出，要让幼儿亲近大自然，爱护动植物，关心周围环境，激发幼儿对大自然的好奇心和探究欲望。陈鹤琴先生主张"大自然、大社会都是活教材"，强调幼儿教师要学会充分利用周围的环境，从大自然、大社会中寻找活教材、活教具。在幼儿的生活中，有丰富的动植物、奇妙的天文地理、神奇的声光电等，大自然的物种繁多、资源丰富，是幼儿最喜爱的"生物博物馆"。幼儿在与这些事物的互动中可以形成广泛关注的博物意识。通过与"自然物"接触、与"材料"互动，关注周围生活中的生命科学、地球与空间科学、物理科学等，幼儿的知识经验得到增长，他们积极探索的欲望得以激发。通过看一看、闻一闻、摸一摸、尝一尝、试一试的方式，教师调动幼儿多种感官参与活动，让幼儿更好地感受自然、认识自然、融入自然。

2. 关注社会博物

中共中央办公厅、国务院办公厅印发了《关于实施中华优秀传统文化传承发展工程的意见》，指出了发扬中华优秀传统文化对儿童成长的重要意义和价值。儿童需要广泛感知客观世界及人类文化，以理解客观事物的发展变化特点及其规律。幼儿园引导幼儿关注周围社会生活中的博物，如艺术文化、社会历史文化、传统节日、民俗文化以及地域特色等，将这些来自社会的博物内容融入幼儿的生活，以丰富的社会文化资源激发幼儿的学习兴趣，使社会文化和幼儿生活连接。通过社会文化的博物资源与幼儿的一日活动的融合，在师幼共同收集、遴选、整理的过程中挖掘资源，发展幼儿的博物意识。如挖掘家乡的名人逸事、家乡的"海门山歌""通东号子"等民俗文化，依托传统节日、班级节日等节庆活动，整合节庆资源建构课程，在课程实施中让幼儿感受礼仪、热爱生活。

二、观察欣赏，统整多种经验

现代意义上的博物教育并非只是一种静态的物品陈列和展示，而是基于关系和行动思维的经验的动态发展，它可以起到统合各种经验的中枢作用。幼儿关注周围世界的形式是多样的，幼儿园要强调幼儿的亲历、体验与实践，注重"博"的过程与"物"的多样。

1. 通过多种形式获取经验

幼儿是带着自己的经验，在原有认识的基础上，融合观察、欣赏、表达、记录等多种形式进入学习状态的。情境空间以它自身的独特性与优势，与幼儿进行互动，激发幼儿的活动的自主性。在课程实践过程中，要尝试从不同的领域切入，分析幼儿在"提出问题、制订解决方案、发现新问题、再次制订解决方案"这一螺旋往返的过程中的方式方法，分析幼儿经验获得的方式，分析幼儿如何在整个过程中进行深度学习。注重以不同的生活为场景，生成基于项目、基于生活、基于游戏的博物课程,通过多主题、多角度的课程帮助幼儿获得相关经验。

2. 主动获取多种经验

"博"有多、广、大的意思,亦有用自己的行动获得、取得的含义。幼儿在自主探究、亲身经历的活动过程中,参与系列符合儿童身心发展规律和愉悦成长需要的实践活动,可拓展儿童生命成长的空间、提高儿童探究性学习的能力、促进儿童的自我发展。生活中发生的大多数问题需要应用多个领域的经验来共同解决,如STEM博物课程中,融合科学、技术、工程、数学,甚至艺术、阅读等更多领域,在生活情境中发现问题,在任务驱使下、在与材料的互动中、在真实行动中解决实际问题。如给小动物搭窝、给公园制作小板凳等,让幼儿在项目实践中融合多领域、多方面的经验,获得综合的知识与全面完整的发展。

三、积极探究,统整多类课程

学习是处于某种情境中的学习,是活动、情境和文化相互作用的结果。在幼儿的学习活动中,可利用场馆多样的展示手段和实物,创设利于幼儿学习的空间环境和学习中介。在场馆中的活动能够激发幼儿的兴趣并维持稳定,其情境化和可自由选择的特征可以更好地帮助幼儿对学习内容的深度内化。儿童博物馆与幼儿园课程相结合,能成为幼儿园课程的重要补充、延伸和扩展,会对幼儿的学习与发展产生重要意义。合理设置、利用好幼儿园博物

馆和社区博物馆,引导幼儿通过动手实践,在真实的情境中,不为空间所困,不受时间限制,统整多类课程,让幼儿和环境、材料互动。

1. 幼儿园里的博物馆

在幼儿园建设场馆,设立不同维度的"幼儿园博物馆"。一是童博主题馆,利用各专用活动室设置主题馆,如生物绘本馆、石头美工坊、树枝木工坊、城市建构馆等。二是班级童博馆,以班级为单位,幼儿、教师、家长共同确立主题、收集材料、创设场馆,如自然类的树叶童博馆、工具类的汽车童博馆、材料类的盖子童博馆等。三是童博活动区,结合各活动区创设相应环境,如球类运动区、汽车游戏区、民俗表演区,以及建构区、沙水区、运动区、表演区等。在童博馆中,幼儿通过多感官参与活动,在积极探究中发现世界。在童博主题馆里,"多彩的石头""树先生"等课程应运而生。在班级童博馆里,"包包超市""汽车博览会"等活动精彩纷呈。在童博活动区,幼儿建构各种各样的"建筑",把各种"好玩的球"融入游戏。根据小班、中班、大班幼儿年龄特点、操作水平、兴趣爱好等,创设适宜的活动,建构适宜的课程。

2. 生活中的博物馆

习近平总书记指出:"博物馆是保护和传承人类文明的重要殿堂,是连接过去、现在、未来的桥梁,在促进世界文明交流互鉴方面具有特殊作用。""一个博物馆就是一所大学校。"幼儿园周围有着丰富的地域资源,如江海博物馆、张謇纪念馆、植物

园、凤城老街、绣品实践基地、中南故里小镇、世外桃源等。每一个博物馆里，都蕴含着很多教育契机。例如，幼儿在博物馆参观编钟展后，认识了编钟的各种不同形态、特征，回幼儿园后用各种材料进行创作。幼儿还在科技馆里进行关于磁铁、星球等相关游戏，感受物体的多变与自然的神奇。幼儿通过观察、倾听、探究、发现、比较，在丰富的"博物馆"课程中发展经验，获得成长。

幼儿园聚焦儿童的核心素养和儿童的活动现场，关注博物意识，强调在真实的情境中，解决生活中相关的真实任务，并在实践操作中发现问题、分析问题和解决问题；关注儿童的兴趣点、学习问题、生活经验，筛选并统整时空、人文、事物等课程资源，既聚焦"儿童"，又聚焦"博物"；努力通过多种形式，在适宜的课程中培养全面发展的儿童。[本文系江苏省教育科学"十四五"规划课题"基于儿童博物意识的'童·博'统整课程实践研究"的研究成果]

【作者简介】王丽，女，江苏省南通市海门区机关幼儿园书记，南通大学兼职教授，正高级教师，江苏省特级教师，江苏人民教育家培养对象。

参考文献

[1] 王昊涵.让博物教育走进幼儿园视野——访南京师范大学教授虞永平[J].福建教育，2017（51）：12—13.

[2] 鲍贤清.场馆学习：一个有待关注的学习形态[J].上海教育，2014（16）：70—71.

[3] 虞永平.儿童博物馆与幼儿园课程[J].幼儿教育，2010（10）：8.

[4] 王丽.博物：助力儿童的美好未来——统整理念下儿童博物课程建设[J].江苏教育研究，2021（31）：31—35.

绘画疗法在小学心理课堂教学中的实践与思考

◎ 王冬梅／江苏省徐州市睢宁县新城区实验学校

吴超华／江苏省徐州市睢宁县桃园镇中心小学

摘　要　绘画疗法是依据患者表现的图形、图像以及绘画符号展开分析、判断，与患者沟通、交流、治疗，是不借助言语沟通治疗的一种方式，对有心理问题的学生恢复健康心理具有一定的辅助功能。实践中发现，建构师生互信关系是绘画疗法的基础，在绘画疗法实施的三个阶段中起到引领患者情感抒发、情绪倾泻、解放思想、建立正确"三观"的特殊疗效，在获得经验的同时思考发现亟待解决的参照标准、以点论面、专业知识匮乏、忽视唤醒、教学用语使用不当等方面的问题。

关键词　绘画疗法　心理健康教育　课堂教学

绘画疗法是艺术治疗的重要形式之一，能够依据患者表现的图形、图像以及绘画符号展开分析、判断，与患者沟通，在绘画过程以及绘画作品上对患者进行心理障碍、情绪障碍、创伤障碍、行为障碍等方面的治疗。绘画疗法强调的不是绘画技能技法和审美的学习，它的侧重点放在治疗上，放在教师与有心理问题学生之间的沟通、释放、分享上。

一、绘画疗法在小学心理课堂教学中的实践

（一）对绘画与绘画疗法的理解

庄子说："至人用心若镜，不将不迎，应而不藏，故能胜物而不伤。"这是一种治疗的境界，尽显在绘画疗法中。[1]绘画是最适宜的心灵表达方式，人们可以运用绘画，将自己的情绪、态度等潜意识层面的信息，象征性或具体地投射在图画当中，以视觉独有的形式将无法用语言表达的内心世界外化。[2]绘画作为一种治疗的媒介，可以利用缓冲、隐喻等手法确定教师、绘画作品、有心理问题的学生三者之间的沟通与转化，构建心理治疗容器。绘画疗法是一种比较常见的治疗有心理问题的学生的方法，通过对有心理问题学生表现的图形、图像、绘画符号的分析，了解其情绪、

情感或困惑，对其进行心理治疗的一种方式。

（二）绘画疗法在小学心理课堂中应用

绘画疗法在心理课堂中的使用，大致分为：引导阶段——架构互信情感的过程；创作阶段——绘画表现、沟通过程；分享阶段——对话与诊断、治疗与改变过程。这三个阶段既有独立性，也蕴含着交叉性、互联性，需要根据学生具体情况和随机产生的变数而不断调整。

1. 引导阶段

引导阶段是绘画疗法的起始阶段，该阶段主要任务是教师与学生之间要架构起互信关系。教师与学生之间的关系是影响学生绘画表现的基本因素，决定着学生表达图形、图像、绘画符号的真实性。学生受自身经验的影响，会把教师放在心中比较重要的位置，所以教师在心理辅导时要积极创建和谐、轻松、有信任度的氛围，要以体贴、关心、关注、有礼节的姿态与有心理问题的学生进行交流、谈心，给予他们热情、友善、无约束的感觉，引导其心理向好的状态发展。

（1）师生以游戏的方式相互认识。以走近学生和与学生击掌、握手、搭肩、碰肘等方式交流认识。这样容易使学生放松心态，和教师建立互信关系，加深师生间的情感。

（2）介绍作画工具及其使用方法。绘画工具在心理健康课中只是师生情感交流的一种工具。在介绍时要使学生明白绘画作品是沟通的工具，是绘画体验的工具，是表达自己情绪、情感的工具，与画得好不好没有关系。

（3）不强调绘画作品的好坏。告知学生只需要自由绘画，尽情表现自己的想法、情绪、情感，无须注重画得好不好，降低、减弱、排除学生对绘画的恐惧、焦虑、不自信等心理。

（4）强化情境创设。首先是环境氛围创设。环境氛围将直接影响学生的情绪与情感，决定着学生对绘画表现内容、物象的选择与表达，影响着教师对学生心理问题的分析与判断，影响着心理治疗的针对性、适当性和精准度。

其次是绘画场所选择。在个辅时可选择比较小的空间，因为小空间能给学生安全感，使学生感到没有心理压力，会通过绘画释放内心的情感、情绪，甚至会进行语言交流、沟通。在团辅时可选择比较大的空间，因为宽阔的场所会使学生活动自由、轻松、能够舒展开，出现亢奋状态，易于展现比较全面的个人心理。

最后是绘画材料准备。绘画材料直接影响绘画的内容和风格。一般来说，学生会乐意接受彩铅、油画棒，因为这两个工具色彩鲜艳、方便使用，绘画方法也相对简单易学。画纸的大小、颜色也是决定学生情绪、情感表达的关键。一般来说，16开或8开的画纸比较适中，绘画材料的多样性会诱发出学生的品位和爱好，生成各自的品格和特性及存在的心理问题，利于绘画疗法的应用。

2. 创作阶段

创作阶段的主要任务是教师与学生沟通交流、辅导引领，分为自由画和主题画两种表现类型，采用自主完成、伙伴合作完成、小组集体合作完成三种形式。无论哪一种创作形式，教师都会在创作过程中感受到学生思想、情绪与情感的变化。

（1）自由画。自由画充分给予学生自由表现的空间，让其在表现主题、内容、方式上自由发挥，教师需要做的是辅导学生并与学生交流，分析学生的思想、情绪、情感状态，然后进行心理引导。自由画通常应用在团辅活动上，表现形式多样。其一，给予学生可自由选择的画纸、画材，让其自由选择表现主题、内容和表现方式，教师以倾听者的角色真诚面对学生的诉说，根据学生的情绪、情感、表达意愿展开诊断，引导学生表达心声，释放心中的愤慨、困惑、不满与渴望。其二，给学生某一图形，告知其可在图形内外自由添加图形、图像、绘画符号，甚至可写表述文字。在此过程中教师要适时把握学生的情绪变化和画面表现，从多个角度分析学生的个体认知，与学生交流、沟通，帮助学生确定自我、认识自我、改变自我。

（2）主题画。主题画即教师给予学生一定的主题，或规定具体的画面内容、固化物象组合形式、规范工具应用等。主题画在团辅和个辅活动中均有所应用，主题绘画方式多样。第一，投射性绘画，给予学生固定的人物、房屋、树木等常用的测验、评估范围，或者给予学生固化的图形、图像、绘画符号，要求学生在固定的范围内选择、想象、画出故事、情感，完成绘画测验。第二，给予学生一张固定形状、固定颜色的纸，要求在固定的范围内画上固定的图形、图像、绘画符号等组成一幅画，以此诊断学生不同的特征、认知、情绪、情感，然后教师通过与学生互动，借助图形、绘画符号帮助有心理问题的学生倾诉内心世界，释放压抑、困惑与矛盾的情绪，使内心世界得以外化、改变。第三，给予学生一个固定的主题，由学生选择绘画工具和绘画材料完成绘画创作。如画心中最怕见到的人或最喜欢的人、画自画像等。或者给出一组具有一定表意的形象或图形，要求学生编出它们之间的故事并画出来。

绘画创作过程是学生倾诉个人情感、思绪、思想的过程。在这个过程中，学生会表现自己的精神面貌，展现真实的生活状态。从学生绘画创作的方式和绘画自身的传递功能，可以看到学生的情绪和心理变化，甚至可以发现学生潜在的心理问题。

3. 分享阶段

分享阶段是绘画疗法中对话与诊断、治疗与改变并存的疏导阶段。该阶段引导学生表达与释放，缓和情感上的冲突，增加自我了解，减少压力与焦虑，达到心理上的和谐与完善，去除负面的自我概念。[3]伯坦斯基提出："在艺术治疗中，患者的直接经验表现在他们的创作过程之中。他们是自己艺术表现主要的见证人。"[4]绘画疗法强调学生在绘画过程中的"真实表现"，尊重学生有可能产生的不同反应，以儿童的眼光欣赏学生的绘画作品，以诚恳的心态倾听学生表达的内容、倾诉的情绪。

该阶段本着学生自愿展示作品、愿意相互讨论的原则，将分享分为述说作画过程、解读作画思路、听取他人意见、反思修改作品四个部分。当学生陈述作品、和他人分享时，常能唤起或刺激其他学生的情绪反应，增强其他成员积极参与活动的动机，增进团体的互动和凝聚力。[5]以一节心理团辅课为例：第一步，引导学生独立完成某一形状的镜框，在框内添加一棵带有果实的树，再随意添加两个物体。第二步，分为每组8人循环传画、相互添加，再将每个人的画传回自己手中。第三步，找出别人添画内容中最喜欢和最不喜欢的部分。第四步，在小组内真诚说出对最后呈现作品的感受。第五步，个人思考或小组成员集中组织语言，在班级内分享个人作品或小组成员合作的作品。该阶段要求学生使用激励的话语阐释自己添画的想法，用感谢的语言表达对添画人的认可。

绘画可以帮助学生建立正确的"三观"，为学生提供一种别具一格的倾诉模式，提供一种改变生活的验证方式。分享绘画作品是学生倾诉心声的具体体现，是绘画治疗过程的重要一环。通过绘画创作、作品分享可以改变学生对生活、学习的情绪，帮助学生建构积极向上的情感，达成绘画治疗的功效。

二、小学心理课堂教学中绘画疗法应用的思考

绘画疗法作为一种心理治疗手段在学校中应用具有一定优势。它尊重学生隐私，对有心理问题学生起到保护作用，同时能促使学生改变心理，转移对心理治疗的注意力，淡化心理问题的治疗，消除抵触、戒备心理；可以增强师生间的沟通与表达，达成信任、合作的伙伴关系；可以提升学生绘画兴趣，改变心理障碍。在实践中也发现绘画疗法在应用上的不足和值得改进的地方。

其一，参照标准。这是以心理医生为主体、强制性诊断的错误做法。在绘画疗法中也时常会出现这样的问题，主要体现在将绘画内容标准化、将绘画工具材料固定化、将表现手法公式化等。还体现在将学生的绘画作品进行归类，使学生束手束脚不敢画、不愿意通过绘画传递情感，表达自己实际的情绪，给学生一种不受尊重的感觉。

其二，以点论面。心理问题的现象复杂多样，情绪、情感、思想的变化也是动态的、多变的，仅仅用一幅画来判断学生存在的心理问题是远远不够的，须将多幅作品综合分析，或者通过多个绘画治疗过程比较、积累，才能了解清楚学生的实际困惑、焦虑与渴望，了解学生实际心理。

其三，专业知识匮乏。这是绘画疗法的先天性问题，教师对绘画专业知识掌握不够，对学生作品看不透、看不明，关注不到细节；对心理辅导技能掌握偏少，对学生心理问题误判，忽略了绘画疗法的治疗分析，面对学生的需求束手无策，无法与学生深入交流、沟通，无法准确判断学生存在的心理问题，无法巧妙运用绘画技能帮助学生倾诉、发泄，实现改变学生心理的目的。

其四，忽视唤醒。在绘画疗法应用中，教师往往只注意到实施方法、过程，只注

意到对存在问题的挖掘，而忽略了绘画治疗过程中的"唤醒"，无法让有心理问题的学生凭借绘画治疗重新获得健康的心理。

其五，教学用语使用不当。"是什么""为什么""怎么样"是教师常用的教学用语，而正是这些教学用语常常在心理健康教育中给学生带来困惑、迷茫、抵触。如果改变教学用语，用"是不是我说的这样""我可以这样认为吗"等一些需要学生评判教师是否正确的用语，才会激起学生愿意交流、沟通的情感，才能使学生体会到主人翁的角色，才能给绘画疗法带来更大的疗效。

三、结语

绘画疗法在小学心理课堂教学中的分析、评判价值是较为明显的，对有心理问题的学生恢复健康心理有绝对的辅助功能，也常被应用于日常心理健康教育中。如果能将绘画疗法与其他心理辅导方法，如认知疗法、人本主义疗法、行为疗法相结合[6]，将对学校心理健康教育有更大的帮助。

【作者简介】王冬梅，女，江苏省徐州市睢宁县新城区实验学校校长，高级教师；吴超华，男，江苏省徐州市睢宁县桃园镇中心小学教师，正高级教师。

参考文献

[1] 莫斯奇里.绘画心理治疗[M].陈侃，译.北京：中国轻工业出版社，2012.

[2][6] 陈艳.绘画疗法在中小学心理辅导中的应用[J].当代教育科学，2010（18）：47—49.

[3] 严虎.儿童心理画：孩子的另一种语言[M].北京：电子工业出版社，2015.

[4] 玛考尔蒂.儿童绘画与心理治疗[M].李甦，李晓庆，译.北京：中国轻工业出版社，2005：45.

[5] 阮淑贞.学校心理辅导中应用绘画疗法的实践与思考[J].心理月刊，2021，16（09）：207—208.

打开阅读边界，从"全场景阅读"谈起

◎ 高 洁 / 江苏省南京师范大学附属小学

摘 要 信息时代中智能学习环境的变迁，正以极快的速度对儿童的阅读方式产生巨大影响。小学生的阅读方式亟须革命。本文基于儿童生活场景，从儿童经验出发，重新定义"阅读边界"，以一节全场景阅读课为例，尝试从"传统阅读"迈向"全场景阅读"，打开儿童的阅读边界，逐步向外延伸，同时向内深入，探索儿童阅读方式的再出发。

关键词 儿童经验 阅读边界 全场景阅读 阅读方式

阅读，在整个语文体系中占有至关重要的地位。但是从当前的阅读情况来看，总有些"事与愿违"。一方面，语文科目中考核课外阅读的内容比例在逐年增加，《义务教育语文课程标准（2022 年版）》（以下简称"新课标"）指出，小学低段的课外阅读总量不少于 5 万字，中段的课外阅读总量不少于 40 万字，高段的课外阅读总量不少于 100 万字。笔者曾无意中听到学生抱怨："平时阅读好像跟上课、考试没什么关系……我总是没时间阅读。"不少教师对阅读教学也逐渐"迷失"："学生阅读量总是不够，考试中的阅读更是越来越难，课堂中讲的内容好像对学生阅读能力提升没什么帮助，怎么办？"阅读效果不理想，远远没有达到预期的阅读目标和教学目标。另一方面，信息爆炸时代对儿童的阅读方式正在产生不可抗拒的影响，各种碎片化信息侵蚀着儿童本就不多的阅读时间。阅读文本正从单一的、纸质的逐步走向海量的、多媒体的，阅读场景也由单一形式向多元化形式转变，这也赋予了学生主动选择阅读对象的更多可能。

一、从"传统阅读"迈向"全场景阅读"

"全场景阅读"在当今社会阅读大环境下有其特殊价值。全场景阅读源自教育家杜威的"儿童经验"理论，以儿童已有的阅读经验为基础，借鉴场景理论中场景所具有的强烈的沉浸式体验感，强调全时空与即时性。纸质阅读是"看"，全场景阅读则是"进入"，注重儿童的阅读体验和多元表达，指向儿童在阅读实践中获得的新的知识和素养，注重儿童对其在阅读实践中所获经验及过程的再认识和反思。

从儿童经验出发，突出儿童整个经历、

体验的过程，是"全场景阅读"的核心。教师依据阅读文本和学情，借助各种信息技术手段与设备，营造出特定的场景，从而调动学生的各种感官，让他们从简单的"读"进入文本场景中来全息体验，让学生与文本的内容、思想深刻交融，全面提升阅读能力。儿童的阅读从课堂、学校、家庭延展到生活，联通儿童的课内和课外阅读时间，系统设计儿童课内外阅读内容。打破学科界限的多学科阅读，由主题阅读走向问题导向的阅读，凸显全科育人价值。聚焦研究或解决一个问题，进行跨学科的阅读。整个儿童生活的场域都是其阅读的对象。儿童一天中可能接触到的阅读的所有场所和形式都应是全场景阅读的外延。这种身处其中的"浸入式"阅读，无疑打破了儿童原本的阅读边界，是对儿童阅读方式的一次全新尝试与实践。让儿童随时在场，从简单的"读"，进入阅读场景中去经历、去体验，全面提升阅读能力。

二、全场景阅读：打开儿童阅读边界

在《菜单中的学问》一课中，笔者从儿童经验出发，结合部编版教材二年级下册《中国美食》等阅读内容，尝试把"读菜单"这一生活场景搬进课堂，学习多种视角研读"菜单"中的学问，从"传统阅读"迈向"全场景阅读"，体验阅读边界的逐步延伸和深入，探索儿童阅读新方式，提升儿童阅读素养。

1. 课前经验：儿童不是一张白纸，重视提炼生活场景

在课前准备环节，学生从周围环境中收集不同的菜单，基于其已有经验完成课前预习单后，笔者通过分类整理发现，不同的学生，由于生活环境与阅读能力的不同，读出的菜单信息也各不相同。在预习时，有学生关注到菜单上的菜名是分类的，可根据自己的喜好按需挑选。还有学生从完全不同的角度出发，读到菜单中"排序"的秘密：菜单中贵的一般往前排，其次应该是利润最高的，这样可以增大点这个菜的概率。也有学生对语言文字十分敏感，发现了菜单中关于"辣"的不同表述方式：香辣、麻辣、藤椒辣、泡椒辣……在全场景阅读中，教师完全交给学生自己去阅读，让学生在相互对话交流中碰撞、提升，这种基于学生经验的探索过程，恰恰是学生阅读高阶思维、核心素养获得发展的基石，而这样的一份精彩，在传统阅读教学中难以寻觅。

2. 深入研读：破解菜名的密码，优化儿童阅读思维

作为阅读的一个完整场景，阅读的方式是多元化的，在猜食材、编菜名、自主设计这几个环节，更需要的是教师对儿童阅读方式的推进，引导与帮助儿童找到深层的、多样化的阅读方式，优化儿童阅读思维。笔者与学生深入研读的过程记录如下：

生1：请大家猜猜"游龙戏凤"是什么菜？

生2：我猜是鱿鱼炒鸡肉，鱿鱼长长的触角像龙须，鸡就像凤凰一样有翅膀，合起来正好是"游龙戏凤"。

（其他同学表示赞同）

师："红烧大肉圆"可以叫什么呢？

生4："团团圆圆"，大肉圆形状是圆的，就像一家人团圆。还可以叫"狮子头"，红烧的大肉丸，像雄狮的头，气势十足！

生5：炒豆芽，再铺上一层青菜，大家会起什么菜名呢？

生6：这让我想到一句古诗，"一行白鹭上青天"，豆芽像起飞的白鹭，青菜像作为背景的天空。（全班鼓掌）

学生从食材的形状、颜色和寓意入手，抓住了起菜名的不同角度，恰当使用比喻、拟人、化用诗句、对偶等方法，总结规律，对菜名的阅读又上了一个新台阶。在全场景阅读中，常常可以看到这样的景象：通过对同一个问题的思考、阐述、理解、解析、感悟、再思，构建一种对话、研读场域，儿童渐渐变成了自主的思想家。

3. 从"阅"到"读"：让阅读场景焕发更多可能

有了全场景阅读的眼光后，阅读绝对不再仅限于文字，阅读的外延将不断拓展。如，学生可能从没有大声地朗读过菜单内容，其实"读菜名"也可以很有韵味。教师出示由菜名串编成的诗歌，带领学生朗读、品味：

东坡肉，狮子头。佛跳墙，美人肝。叫花鸡，宫保鸡丁。麻婆豆腐，西施豆腐。北京烤鸭，南京烤鸭，金陵盐水鸭！

尤其在读到"北京烤鸭，南京烤鸭，金陵盐水鸭"时，教师可以引导学生用北京方言、南京方言读出这几道菜名，让"读菜名"显得韵味十足，更好地引导学生在日常生活中不断探索更多元的阅读方式，为学生的阅读创造另一种可能。

4. 迁移运用：将阅读能力引向实践拓展

教师将学生分成不同的小组，如茶餐厅组、特色小吃店组、快餐店组等，为小组设计装有不同的菜单和设计单的资料袋。通过小组合作，学生把发现的"菜单中的奥秘"运用在实践中，为学校的食堂真正设计一份菜单，再进行展示交流。而教师在巡视中发现学生在设计菜单时，有小组对"如何定价"犹豫不决，于是展开了一段讨论，课堂片段如下：

师：菜单上还有一点必不可少，就是价格。怎么定价更合理呢？

生1：如果这道菜的食材本身价格高，那么定价会稍微高些；相反，食材本身价低，菜的定价会低些。

生2：也不一定。（大家看向他）如果这道菜的食材本身价格低，但是在制作时很费事，就要加上人工制作费，定价也会高一些！

这样看来，全场景阅读中，阅读不再仅仅是寻找信息，而是需要学生调用已有经验，知道如何挑选信息、安置信息、讨论其恰当性等，教师则陪伴学生，和学生一起进步，给予建议和鼓励，灵活地向学生指出哪里需要改进，并且适时提供引导，帮助学生完成知识的自我建构。

三、儿童阅读方式再出发的具体策略

从儿童经验出发，在这节全场景阅读课例中，通过构建阅读前了解菜单、阅读中从不同角度研读菜单、阅读后活用知识设计菜单等场景的全过程，学生感受阅读的全过程。儿童阅读方式的再出发至少有以下几点：

1. 凸显阅读高阶素养，为阅读边界拓展打下基础

新课标中提出："学会运用多种阅读方法，具有独立阅读能力。"在对"菜名"的阅读中，课堂上的设计来源于生活，但是又高于生活。笔者引导学生"提炼核心方法"，着眼于学生获得结构化的策略群。学生提出比喻、拟人、同音字词等方法后，笔者并不满足、停留，而是引导学生感悟隐藏其中的炼字方法，让学生找到起菜名的"密码"。最终，学生不难发现，菜名在外在表达方式上有差异，但内核实际上都是对"菜"这样事物的形状、颜色和寓意的综合因素进行高度精准的把握。学生在"原有经验"基础上经历新的体验，对菜单产生"新的经验"，这是一次"经验"的再丰富，也是基于儿童经验的全场景阅读的最佳演绎。通过揭示这些不同层次策略之间的联系，教师为学生呈现出一个结构化的策略群。穿过表象，抓住内核，让儿童阅读的高阶素养得以凸显，这无疑为儿童阅读边界的拓展打下坚实的基础。

2. 多元重组阅读方式，冲破阅读边界焕发生命力

打破阅读的"思维定式"，可以帮助学生推进创新阅读。新课标中提到要让学生"学习跨媒介阅读与运用，体会不同媒介的表达特点，根据需要选用合适的媒介呈现探究结果"。在菜单中"读菜名"的课例片段中，笔者尝试帮助学生探索全新的阅读方式——从传统的用眼睛"看文字"，到学生结合自身多种感官，挖掘在"声"中阅读：出示由菜名串编成的诗歌形式，带领学生朗读，尤其在读到最后具有地方特色的菜名时，采用方言形式，引导学生感知——原来菜单不仅可以用眼睛"看"，更可以"读"出新意。重组的阅读方式，改变了纸质阅读长期的物理性、规则性知识谱系的阅读感受，让"阅"和"读"显得层次更为丰富。这一阅读场景的体验无疑也在提醒我们：阅读的边界正在被打破，促使学生运用在自己的日常生活中，不断探索更多元的阅读方式，为学生的阅读创造另一种可能。

3. 运用体验炼制新知，让阅读方式与自我建构关联

儿童阅读的边界不仅要向外延伸，更要向内深入。安德烈·焦尔当在《学习的本质》一书中说："学习既是获得与掌握知识，也可以是炼制一种全新的知识。""我们关心的不仅仅是描述学习者所记忆的东西或知道的操作程序，而是解释学习者如何理解、记忆、重建知识，特别是解释个体

用所学的知识能够做的事。只有当学习这种能力给个体带来更多的东西，特别是当个体能够利用其所学时，我们才对这样的学习感兴趣。"阅读，需要和运用相结合。在"研读菜单"这样的全场景阅读中，教师给学生提供一个真实的情境，引导学生调动已有的经验，从事必要的观察与体验，最后，让学生根据课堂的阅读体验，带着阅读中的发现进行实际操作与演练，在课堂上尝试进行团队合作式的"菜单创作"，编写最佳菜单，并推荐给学校食堂。学生在阅读边界向外延伸的过程中吸取经验，形成个性化阅读方式，进一步与自身内在建立关系、强化联系，丰富自己的未知阅读经验。

4. 创设深度对话场域，唤醒儿童自身的"阅读潜能"

"学习者不是单纯的'参与者'，而是他所学知识的创造者。他所有的认知都来自环境……学习者与环境互动，与重要他人互动，他者必须促进个体的意义生产，陪伴他，对他的原有概念形成干扰。"课堂上唤醒每一个儿童的阅读潜能，正是儿童阅读向内深入的一个体现。在课堂螺旋式上升的对话过程中，无疑证明：教师，甚至是同伴，恰是儿童阅读潜能的"唤醒者"。儿童原有的阅读经验必须成为一切阅读边界拓展的基础；但同时，这些经验又必须被改变、被重塑。在创设的对话场域中，促使儿童对自身的阅读经验反思，意识到自身原先头脑中可能存在的局限与偏见，从而产生实际作用，构建新的阅读思维结构，从而影响儿童潜在阅读能力的发掘。对菜单进行综合研习时，经历了对菜单中菜名的赏析、研讨、解剖、重组、创设等一系列学习过程，儿童在与教师、同伴的对话中，碰撞出阅读的火花，这都是儿童在尝试对自身的阅读潜能进行深度挖掘，对固有的阅读认知进行修正。

四、结语

从"传统阅读"迈向"全场景阅读"，从学校的阅读走向学校与生活世界融通的阅读，从单纯的阅读走向场景式体验性阅读，正是对学生在当下对阅读边界的外延探索，重新定义阅读方式的一次全新出发。这些经验对于探索阅读的育人功能，将儿童阅读不断引向深入，具有启迪意义。[本文系江苏省教育科学"十四五"规划课题"聚焦核心问题的小学语文'小研究学习'迭代研究"（编号：B/2022/03/40）和江苏省教育科学"十四五"规划专项课题"指向儿童思维品质提升的语文阅读教学'关键问题'设计研究"（编号：C-c2021/02/65）的阶段性研究成果。]

【作者简介】高洁，南京师范大学附属小学校务委员，南京市玄武区语文学科带头人，一级教师。

（下转第75页）

让心灵的阳光普照特殊儿童

——班级特殊儿童教育管理探思

◎ 王　蕾 / 上海市徐汇区樱花园幼儿园

摘　要　融合教育体现了生命的多样性，突出了爱是教育的真谛，更体现了"一个也不能少"的教育原则，是落实立德树人根本任务的重要举措。特殊儿童作为社会中不可忽视的一个群体，他们的教育需求与成长环境日益受到社会各界的广泛关注。特殊儿童因其多样化的成长需求而呈现出独特性，他们需克服相比同龄人更为错综复杂的困难。教育实践的核心议题之一，便是如何在维护高质量教学标准的同时，为特殊需求儿童构建一个兼具接纳性和激励性的成长空间。本文以一名特殊儿童为研究对象，分析其在幼儿园中的适应情况，探讨对特殊儿童有效的管理和教育方法。

关键词　特殊儿童　教育管理

在当今教育体系多元化发展的趋势下，满足特殊儿童的教育需求日益成为教育界关注的焦点。针对智力发育存在挑战的儿童，教育工作者承担着设计并实施新颖教育方法的重任，保障这些孩子在常规班级设置中同样能够获得契合其个性化成长需求的学习机遇，促进其潜能的最大化发展。

一、背景分析

在深入探讨特殊儿童教育管理之前，我们有必要全面审视该领域的三大核心挑战。

（一）对儿童个体特征的深度理解

本文案例中的特殊儿童的智力发育迟缓的特殊性要求教师和家长首先对其进行全面而细致的个体评估，包括但不限于对其认知能力、语言表达、情绪管理、身体协调性等方面深入理解。[1] 在入园之初，小 Y 在动作能力、语言能力、生活能力、认知能力和社会适应等五大领域的发展明显落后，学龄前的体检报告中显示其智力发展迟缓。此外，了解儿童的兴趣和非言语交流方式，如肢体动作、面部表情，有助于教师开发符合其沟通习惯的教学策略，促进师生间有效互动。

（二）教育环境的适应性改造

通过细心观察，教师发现儿童对特定物件，比如帐篷、红色小车展现出了特别的喜爱，这或许映射了其感官偏好的独特性，我们把握这一洞察，将这些偏好作为教学介入的桥梁，精心构思出既符合儿童兴趣又能高效促进学习的活动方案。此外，通过环境的细节设计，如使用鲜艳色彩、贴有图案的墙壁和地板，可以激发儿童的好奇心和探索欲，辅助其认知发展。

（三）家校合作的有效机制建设

家庭是儿童成长的第一课堂，幼儿园和教师要采取积极主动的沟通策略[2]，如定期邀请家长来园参与家长进课堂、"哇时刻"等活动，让家长走进幼儿园，走进班级，观察孩子的在园情况；邀请特殊教育老师与家长进行一对一的沟通，帮助家长理解特殊儿童的发展特点、面临的挑战及应对策略。对于案例中的家庭，特别强调心理辅导和支持，帮助家长逐步接受现实，与学校携手共同制订长期的支持计划，为儿童营造一致且持续的教育环境。

深度理解儿童个体特性、优化教育环境以适应特殊需求、构建稳固的家校合作桥梁，是实现特殊儿童有效教育管理不可或缺的三大支柱。[3]通过综合施策，不仅能够为特殊儿童提供更加个性化的教育体验，还能促进其全面发展，为其未来的社会融合打下坚实的基础。

二、教育管理策略

（一）环境创设：定制化学习天地的构建

对于特殊儿童，教师可利用其对特定物品的偏好，创造安全舒适的学习空间，逐步引导其养成良好的学习习惯，增强参与活动的意愿。例如，针对特殊儿童日常活动时在椅子上坐不住，但愿意在帐篷内进行游戏的情况，我们在教室的一角搭建一个小型的"探险帐篷"，以温馨的灯光和软垫装饰，营造出一个安全且具有吸引力的私密空间，让小Y在帐篷内自由地进行各种活动。针对喜欢趴在地上的情况，为了培养其良好的坐立习惯，我们对环境进行调整，引入"红色汽车座椅"放置在帐篷外不远处，座位上配备孩子喜爱的玩具或图书，吸引小Y从帐篷内走出并尝试坐下。教师采用渐进式的方法，逐渐减少其对帐篷的依赖，最终让其能够在没有帐篷的情况下也能舒适地坐着参与活动，让其更好地融入集体生活。

我们在班级中设立"过渡区域"，在这个区域内摆放不同的家具和学习材料，模拟不同的场景，鼓励特殊儿童在探索新环境的同时，逐渐扩大其舒适圈，促进其适应更加多样化的学习场景。

通过上述策略的实施，教师不仅满足了特殊儿童对于安全感的基本需求，还促进了其从个人空间向集体环境的平衡过渡，为后续的社交技能和学习能力发展奠定了环境基础。

（二）个性化教学计划：量身定制的多感官学习之旅

在为特殊儿童设计个性化教学计划时，要充分考虑到其当前的发展水平和特殊需求，精心策划包含视觉、听觉、触觉等多感官刺激的教学活动，激发其内在学习动力，尤其注重对其在语言沟通和社交技能上的启蒙与促进。[4]这一策略旨在构建一座桥梁，连接儿童的现有能力与潜在发展的可能性，使教育过程既符合其独特性，又富有成效。

1. 视觉刺激的运用

针对小 Y 喜欢色彩鲜艳的物品，教师利用丰富的视觉材料，如色彩鲜艳的图片卡、动画视频或实物展示，教授其基础概念如颜色、形状、动物等。通过制作一系列生动有趣的图片故事书，配以简单的文字描述，教师引导其跟随故事情节发展，逐步理解情节并尝试模仿发音，以此作为语言启蒙的初步尝试。

2. 听觉刺激的融入

音乐和儿歌是极佳的听觉刺激工具，它们能够激发儿童的情绪反应，培养节奏感和言语能力。[5]在设计音乐活动时，我们精心挑选旋律简明且节奏重复的歌曲，这类曲目易于小 Y 捕捉并模仿。配合歌曲进行的动作表演不仅增添了趣味性，还鼓励小 Y 通过哼唱旋律、跟随节奏拍手等方式参与到音乐活动中，借助音乐的吸引力，激发和促进小 Y 的语言表达潜力鼓励其与同伴间的社交互动。此外，利用语音识别软件或有声读物，创造互动式听力训练环境，让小 Y 在趣味游戏中感受语言的魅力。

3. 触觉与操作性学习

针对小 Y 在语言表达上的挑战，开展实践操作和触觉探索活动显得尤为关键。通过泥塑创作、拼图组装、感官探索箱等动手实践项目，让小 Y 在触摸、形塑和构建的过程中促进手眼协调与精细动作技能的发展，同时还促进其与同龄人间的交流。在与同伴协同完成一个手工作品的过程中，小 Y 通过交换材料、模仿彼此动作的互动

环节，渐渐习得合作精神与基本的社交沟通技巧。

（三）家校合作：携手共建的支持网络

1. 深化沟通渠道

建立一个畅通无阻且持续活跃的沟通机制，是巩固家校合作联盟的根基所在。这超出了传统意义上定时的家长会与书面进度汇报，更强调日常生活中双方的即时互动与信息交流。[6]通过运用现代通信技术手段，包括创建微信群、安排家长来园参加活动等，教师与家长能够实时共享孩子的学习动态、情绪波动及成长路上的亮点时刻。这样的即时沟通策略有利于双方快速辨识并应对可能出现的问题，确保家校双方在孩子成长的每一步上保持步调一致、信息对称。

2. 提供心理支持

在养育特殊儿童的过程中，家长往往承受着巨大的心理压力。幼儿园特邀特殊教育老师为家长提供情绪管理和压力缓解的指导，同时组织家长互助小组，让他们在相互理解与鼓励中找到慰藉与力量。通过建立这样的心理支持体系，教师帮助家长保持积极心态，更好地面对挑战。

通过这些深入且全面的合作策略，家校之间形成了一种紧密相连、相互支持的伙伴关系，为特殊儿童营造了一个无缝对接、充满爱与理解的成长环境，共同推动他们跨越障碍，实现潜能的最大化。

（四）同伴互动：构建包容性与理解的社交舞台

1. 共情能力培养

在班级文化中植入共情教育，教导所

有儿童理解并尊重个体差异。通过开展"我们的不同，我们的相同"主题讨论、分享会，孩子们讲述自己的喜好、特长以及面临的挑战，促进相互理解和接纳。教师可以引导孩子们发现自己与特殊儿童之间的共同点，强调每个人都有独特的价值和贡献，从而在班级中建立起一种包容和谐的氛围。

2. 反馈与表扬机制

建立一个正向反馈系统，包括对特殊儿童每一个微小进步的肯定，以及对其他儿童在包容和帮助方面的认可，从而激发班级整体的正能量循环，促进更加健康、积极的同伴关系发展。

3. 同伴间的互助

通过开展简单的体育竞技活动，采用小组合作方式展开组内对比，在满足幼儿竞争性需求的同时，也给予特殊儿童与同伴交流的机会，从而形成相互融合的班风。

同伴互动不仅成为特殊儿童提升社会互动能力和情感理解的有效途径，也为整个班级营造了一个包容、理解、互助的学习社区，让每个幼儿都在这个大家庭中感受到归属感和价值感。

三、结语

实施个性化教学、优化学习环境、强化家校合作等策略，可以有效促进特殊儿童的全面发展，让每一个心灵都能沐浴在教育的阳光之下。本文案例的研究与实践探索，不仅为特殊儿童提供了更适宜的成长路径，也为教育管理者和家长提供了可借鉴的经验，共同推动特殊教育事业的进步与发展。

【作者简介】王蕾，女，上海市徐汇区樱花园幼儿园教师，二级教师。

参考文献

[1] 江小英，罗应兰，沈剑娜.特殊儿童阅读研究和实践的启示[J].中国听力语言康复科学杂志，2024，22（03）：225—229.

[2] 潘贤丹.幼儿园特殊儿童随班就读的融合教育探究[J].考试周刊，2024（18）：1—5.

[3] 蔡英辉，申爱华.特殊儿童学前教育的实践困境与政策优化：以自闭症儿童干预为例[J].南京晓庄学院学报，2024，40（02）：46—52.

[4] 袁美秀.培智生活数学对特殊儿童社会适应能力的提升[J].教育艺术，2024（03）：75.

[5] 经晶.以核心素养为导向的小学低年级特殊儿童语文教学策略探析[J].中华活页文选（教师版），2024（04）：103—105.

[6] 韩静.修通家校关系，携手共育——特殊学生教育干预案例[J].中小学心理健康教育，2024（06）：70—72.

导学案

——关于教学方法的探索与创新之十四

◎ 周成平 / 江苏第二师范学院

在讲学稿风行之后不久，一种与讲学稿十分相似的中小学课堂教学样态——导学案在全国许多地区中小学课堂上迅速流传，成为广大中小学教师参与新课改、创新教学法的又一种积极而有益的实践与探索。

所谓导学案，是指由中小学教师根据自身对既定教学内容及要求的理解而设计、编写的一种旨在供学生自主探究与合作学习的书面文本。它实际上是教师指导学生在课堂上自主学习的一种课堂教学活动样态，故名"导学案"。与传统的课堂教学相比，导学案敢于破除陈规、大胆创新，伴随新课改一路前行，充分体现了新世纪我国大力推行的中小学课程改革与教育教学改革的精神与特点，因而很受不少中小学教师的青睐和重视。

导学案的内容体现着教学过程中的诸多要点。既然是指导学生在课堂上自主学习的文本，导学案就应该涵盖课堂教学过程中的一系列要点，如学习目标、学习重点、学习难点，自主预习、合作探究、自我展示、自主测评，作业练习、达标检测，学习反思、拓展延伸，以及存在的问题和改进措施等环节。在传统的课堂上，这些要点主要是通过教师在课堂教学过程中传递给学生的，而现在这种"传递"则要通过导学案来呈现，含而不露地在学生自主学习过程中得到体现。

导学案的编写遵循着一定的要求和原则。导学案在中小学课堂上使用，其主体是学生，那么它就应与现今课堂教学的规范、特点及规律相吻合。这主要有：**一要体现课时要求**。导学案遵循目前中小学以课时为单位的学习形式。因此，教师在撰写导学案的时候，要有明确的课时观念，尽可能将相关的教学内容按照课时要求写成导学案，以便于学生自学。只有这样，才能较好地调控课时学习的知识量，加强课程学习的计划性。**二要突出重点难点**。教师在编写导学案的时候，要依据课程标准，对各科教材中的知识点特别是重点、难点等做到心中有数，将其设计并纳入导学案的学习过程中。要通过教师精心设计的学习活动，将一个个具有探索性的问题，引入学生自主探究学习过程之中。通过引导学生自主学习与探究，促使学生逐步掌握本节课的重点与难点等内容。**三要强化方法指导**。其实，导学案与讲学稿相仿，也是学习内容与学习形式相统一的结合体。

在把握了内容的前提下，强化学习方法的指导则是一个重要的环节。应该说，这对教师备课的要求大大地提高了。过去，教学方法掌握在教师的手中，教师可以根据教学的需要来灵活使用各种课堂教学方法。而现在，教师则要站在学生的角度去考虑问题，将学习方法的指导写入导学案之中，让学生在课程学习的各个环节灵活运用各种学法来完成学习任务。**四要凸显循序渐进**。导学案的核心是学生在教师的指导下完成自主探究与合作学习，因此导学案的编写必须遵照循序渐进、逐层推进的原则，以便让全体学生在导学案的引领下逐步完成学习过程，掌握相关的知识与技能。同时，教师还应本着因材施教的原则，在导学案中要充分兼顾好中差学生的不同情形，让他们在学习过程中能找到自我、各得其所。总之，导学案的编写对教师的要求很高，它不同于过去所说的一般意义上的"备课"，而是一种全新的创造性的劳动过程。

导学案以"先学后教""教学合一"而呈现着自身鲜明的独到特色。这种特色恰恰与"导学案"这三个字有关：**一是教师正确引导**。导学案作为一种师生互动的课堂教学样态，其首要前提是教师要通过撰写书面指导性的文本来正确而积极地引导学生开展自主探究式的学习，教师的引导是否妥当、是否有效、是否合乎学情则是导学案能否获得成功的关键。**二是学生自主学习**。导学案的最大特点是学生在教师的引导下自主完成学习的过程，能有效达成这一目标，这样的导学案才是成功的。因此，激发学生完成有效的自主学习、创造高效课堂是一个标杆。**三是提供有效文本**。从操作层面上来看，导学案是指导学生开展学习活动的重要依据，其操作过程中完全依靠教师提供的"书面指令"来完成。这样的话，导学案应该而且必须成为教师提供给学生的一种有效学习文本，学生则依此进入自主探究学习过程。

综上所述，我们认为，"导学案"与"讲学稿"相仿，也是一种极具创新意义的课堂教学的新样态。它之所以受到广大教师和学生青睐，正在于它"以学生学习的逻辑来定义课堂"的无穷魅力。

【作者简介】周成平，男，江苏第二师范学院教授。

指向高中生物大概念的"境脉"设计

——以桥本氏甲状腺炎为例

◎ 王　莹／江苏省无锡市第一中学

摘　要　本文通过境脉设计的实践探究促进大概念的生成，创设"桥本氏甲状腺炎病理分析及治疗方案"境脉，遵循医生问诊—分析报告—确诊—提出治疗方案的主线，引导学生查阅分析资料、设计实验方案、小组合作探究，完成检验、修正、完善自身免疫病的模型，培养学生的建模思维和模型运用能力，在建模过程中展开重要概念的学习，逐步形成大概念。

关键词　桥本氏甲状腺炎　"境脉"学习　大概念　核心素养

随着新一轮课程改革的进行，"课堂上要以学生为主体"的教育理念应运而生，《普通高中生物学课程标准（2017年版2020年修订）》主张内容学习聚焦大概念，课堂教学的重点应由关注知识的掌握转向关注知识理解、应用及能力的养成，由碎片化的知识学习转向清晰、凝练的大概念学习，由纯知识点教学转向创设真实情境的重要概念教学。[1]"境脉"学习正好契合了课堂转型的需要，创设贯穿整个单元的结构化的真实情境，以此激发学生主动参与学习，使学生在"实践—理论—实践"的循环中，厘清概念之间的逻辑关系，创设统合知识与技能来解决问题的机会，让学生在解决问题的过程中加深对生物学概念的理解，发展科学思维，落实生物学学科核心素养。

一、教材编写逻辑梳理

1. 教材内容分析

桥本氏甲状腺炎是临床最常见的甲状腺疾病之一，是导致甲减最常见的病因。选取生活中的医学案例，可有效激发学生的探究兴趣。学生运用所学知识解释桥本氏甲状腺炎的发病原因，并在设计实验证明甲状腺激素反馈调节的过程中，养成严谨的科学思维和实证精神，以此培养学生知识的迁移与运用的能力，学会利用已经学习的知识解释其他疾病发生的原因，引导学生关注和认同健康的生活方式。

2. 学情需求分析

本节涉及高中生物学选择性必修1激素调节与免疫调节的内容，通过初中"人体主要内分泌腺及其分泌的激素"内容的学习，学生对内分泌腺的名称与功能有所了解。在学习了第1章《人体的内环境与稳态》后，学生已经了解稳态调节的机制是"神经—体液—免疫调节网络"，为本节内容的学习奠定了基础。高二学生具备较强的数据分析和实验设计能力，笔者以问题为导向，让学生通过查阅分析资料、设计实验方案、小组合作探究等环节实现桥本氏甲状腺炎发病机理的探究，培养学生的探究意识与科学思维。学生在扮演医生分析检测报告中异常数据的过程中，体会职业带给个人的成就感与满足感，初步培养学生的职业意识，提升社会责任感。

二、教学设计逻辑理清

1. 教学目标设定

养成生物学学科核心素养是生物学课程学习的宏观目标，而大概念是处于学科中心位置、对学生学习具有引领作用的基础知识。为了帮助学生建立生物学概念，发展学生生物学学科核心素养，让学生初步具备在新情境下解决相关问题的能力。[2]笔者依据内容要求、学业要求和学业质量标准，围绕培养学生核心素养的要求制订了如下教学目标：

（1）通过医生"问诊"，以及对"血检报告单"中异常数据的分析，运用稳态与平衡观，初步判断疾病产生的原因，提出后续检查的建议，为解决生活中遇到的实际问题提供参考。

（2）遵循医生问诊—分析报告—确诊—提出治疗方案的明线，引导学生查阅分析资料，设计实验证明甲状腺激素的分级、反馈调节机制，完成检验、修正、完善自身免疫病的模型，培养学生的建模思维和模型运用能力，提升学生思维的严谨性。

（3）通过小组同学合作讨论分析胰岛素作用机制示意图，应用自身免疫病模型解释自身免疫病引起的2型糖尿病发病机理，并尝试提出治疗方案。

2. 教学流程描述

本节课从实习医生诊断一对母女出现的症状入手，通过查阅分析资料、设计实验方案、小组合作探究，证明"下丘脑—垂体—甲状腺轴的分级调节""甲状腺激素的反馈调节机制"。小组同学通过讨论完成小组自评、生生互评与师生共评，检验、修正、完善自身免疫病模型，探究自身免疫病的致病机理及治疗方案。

三、境脉设计逻辑详介

基于学生到医院就医的体验创设境脉，展示医学上"桥本氏甲状腺炎"病例，学生分角色扮演医生与患者，还原并体验生活中的场景。创设"桥本氏甲状腺炎病理分析及治疗方案"境脉，引导学生查阅分析资料、设计实验方案、小组合作探究，完成检验、修正、完善自身免疫病的模型，培养学生的建模思维和模型运用能力，提升学生思维的严谨性，逐步形成大概念。

1. 角色模拟，激活常见的先验境脉

情景一：实习医生（学生1）的诊室里来了一对母女（学生2和学生3），均出现了脖子肿大的现象，母亲还出现了怕冷、食欲减退的症状。关键问题一：以个体水平出现异常症状为起点，结合生活经验，

初步预测桥本氏甲状腺炎发病原因。

活动一：学生运用初中学习的知识，结合生活常识，读懂身体出现异常症状的原因。小组同学合作，查阅教材及资料，经过讨论后做出初步判断：根据患者脖子肿大症状推测出现了甲状腺增生，由怕冷、食欲减退等症状推测患有甲减。因此，医生建议患者做甲状腺彩超观察内分泌腺形态，血液检测判断激素分泌功能是否正常。

【设计意图】介绍"桥本氏甲状腺炎"病例，学生分角色扮演医生与患者，充分调动学生学习的积极性，体验在生活场景中分析问题与提出对策的过程，为学生今后解决生活中的实际问题提供参考。

2. 实验探究，运用丰富的资源境脉

情景二：母亲（学生2）的彩超报告显示甲状腺体积增大，内呈蜂窝状结节样改变，判定为甲状腺弥漫性病变；血检报告显示促甲状腺激素（TSH）指标也略微高于正常值。女儿（学生3）的彩超报告结果与母亲基本一致，其他激素指标基本正常。关键问题二：从器官水平分析血液中激素含量异常的原因，设计实验验证，进一步探寻桥本氏甲状腺炎发病机理。

活动二：给健康人注射TSH后，会使下丘脑的促甲状腺激素释放激素（TRH）分泌减少，以小组为单位设计实验，证明TSH直接对下丘脑进行反馈调节，还是TSH通过促进甲状腺分泌甲状腺激素，甲状腺激素对下丘脑进行反馈调节，每组选择一位代表汇报实验方案。

活动三：运用所学知识解释母亲血检报告中TSH指标高于正常值的原因。

【设计意图】设计实验证明甲状腺激素的分级、反馈调节机制的过程中，引导学生分工合作，学会分析数据，培养学生分析、推理，解决问题的能力，提升学生思维的严谨性与团结协作的意识。

情景三：母亲（学生2）的血检报告显示，甲状腺过氧化物酶抗体（TPOAb）、甲状腺球蛋白体（TGAb）两项指标远远高于正常值；女儿（学生3）的血检报告显示，甲状腺过氧化物酶抗体（TPOAb）指标严重超标。医生（学生1）判断两人都属于典型的桥本氏甲状腺炎。关键问题三：从分子细胞水平分析异常抗体产生过程及影响，构建概念模型，分析桥本氏甲状腺炎发病机理。

活动四：学生观看体抗原引起人体液免疫的视频，小组同学讨论总结体液免疫的过程并构建体液免疫的概念模型。结合母女二人的血检报告数据，检验、修正并完善以甲状腺过氧化物酶为抗原形成抗体，抗体攻击自身甲状腺细胞引起的自身免疫过程的概念模型。

活动五：运用所学知识，尝试提出桥本氏甲状腺炎的治疗方案。

【设计意图】学生构建体液免疫概念模型，通过进一步检验、修正、完善上述模型，最终得到自身免疫过程的模型，培养学生的建模思维，提升学生生物学科核心素养。

3. 中医典著，领悟科学的文化境脉

情景四：医生（学生1）在查阅自身免疫病有关资料时，关注到一类由自身免疫病引起的糖尿病，早在先秦时期，中医经典著作《黄帝内经》中就有记载："故其气上溢，转为消渴。"这里所说的消渴，就是中国古代医家对糖尿病的描述，它总结了糖尿病消瘦、口渴等典型症状。关键问题四：结合自身免疫病概念模型与胰岛素的生理功能相关知识，从个体、器官、分子水平分析由自身免疫病引起的糖尿病的典型症状产生的原因。

活动六：小组同学查阅资料，和自身免疫病与胰岛素的生理功能相关知识，尝试从个体、器官、分子水平分析糖尿病患者消瘦、口渴等典型症状出现的原因。设计制作一份科普类的小报，介绍有关糖尿病的类型及特点，并做出健康提示。

【设计意图】从中医经典著作《黄帝内经》中选取关于"消渴症"的描述，激发学生学习兴趣，让学生意识到中医传承千年，凝聚了古人的智慧，中医对现代医学发展起到了奠基的作用，并不断推动现代医学的发展，由此增强学生的民族自豪感。

4. 迁移实践，培育思维的素养境脉

情景五：医生（学生1）查阅患者病例时发现，由自身免疫病引起的2型糖尿病患者血检报告显示某些抗体含量超标。关键问题五：应用自身免疫病模型解释这类糖尿病的发病机理，并尝试提出治疗方案。

活动七：小组同学合作讨论，分析自身免疫病引起的2型糖尿病患者，血检报告中抗体含量超标的原因，并尝试提出治疗方案。

【设计意图】介绍自身免疫病引起的2型糖尿病，引导学生应用已学习的知识解释新的问题，培养学生知识的迁移与运用的能力，让学生学会利用已经学习的知识解释其他疾病发生的原因，引导学生关注和认同健康的生活方式。

"境脉"学习首先应基于学生内部经验和外部的先验境脉，聚焦生活主题，力求任务情境真实；其次明确教学总目标、各层级目标，建立各层级目标之间的联结以帮助学生建构重要概念；最后鼓励学生对所学知识进行迁移应用，以解决新的现实问题，关注和认同健康生活的方式。本文围绕着生物学大概念组织并开展境脉教学活动，让教学活动不是仅停留在零散的生物学事实的层面上，而是通过对事实的抽象和概括，帮助学生建立生物学概念，建构合理的知识框架，为学生能够在新情境下解决相关问题奠定基础。在教学过程中，如何将学生头脑中已有的前概念，特别是那些与科学概念相抵触的错误概念，通过不断开发更加贴近生活的真实境脉，让这些错误概念更加科学地被修正，是笔者后面将要探讨的问题。

【作者简介】王莹，女，无锡市第一中学教师，一级教师。

参考文献

［1］中华人民共和国教育部.普通高中生物学课程标准（2017年版2020年修订）［M］.北京：人民教育出版社，2020.

［2］周初霞，王红梅，李艳华.聚焦生物学重要概念的单元境脉架构［J］.中学生物教学，2021（07）：15—18.

基于初中生物核心素养的跨学科实践设计初探

——以城市湿地生态系统保护为例

◎ 苏　丽 / 江苏省无锡市山北中学

摘　要　随着人类社会知识快速涌现和更新，以单学科架构的课程模式越来越无法满足学生综合发展的需求。本文以城市湿地生态系统保护为例，基于初中生物核心素养，探索跨学科实践的设计和实施策略，旨在促进学科之间的交叉与融合，培养学生的创新意识和综合能力。

关键词　核心素养　跨学科实践　实施策略

《义务教育生物学课程标准（2022年版）》指出，生物学课程所要培养的核心素养主要指生命观念、科学思维、探究实践和态度责任。其中探究实践活动包括科学探究和跨学科实践。探索跨学科实践的设计与实施策略不仅能够丰富教学内容，拓宽学生的知识视野，还能促进学科之间的交叉与融合，培养学生的创新意识和综合能力。习近平总书记曾说："建设生态文明，关系人民福祉，关乎民族未来。"课例"城市湿地生态系统保护"来源于生物学中较为热门的话题——生态环境的保护，顺应了时代发展的潮流。本文以"城市湿地生态系统保护"为主题进行跨学科实践活动探索。

一、教学目标的确立与教学内容的选择

首先，设计合适的教学目标和教学内容是跨学科实践活动成功的关键。确立明确的教学目标和选取与学科相关的教学内容能够有效引导学生学习，促进其跨学科思维和能力的发展。苏科版八年级下册生物学教材第9单元《保护人类和其他生物的共同家园》安排四节内容，即人口增长对生态环境的影响、保护生物多样性、自然资源的可持续利用以及建设生态家园，旨在让学生体会人类目前居住环境的现状和保护生态家园的迫切性，并能为此做点力所能及的事。基于此，笔者确立了以下教学目标：掌握湿地生态系统的基本特征，了解城市湿地生态环境的特点和问题，提出相应的生态保护措施。通过学习城市湿地生态系统保护的案例，培养学生的生态保护意识，理解生物多样性与生态平衡的重要性。

二、跨学科实践活动的设计

跨学科实践活动的设计是发展学生核心素养的中心环节。在设计跨学科实践活动时，一般遵循以下三个原则：第一，课程整合原则，即在生物教学中，通过设计综合性的课程活动，将生物学知识与数学、化学、地理等学科内容结合起来，形成贯穿性的学习路径，提高学生对生物学知识的理解和运用能力。第二，学科内涵拓展原则，即在特定学科的教学过程中，引入其他学科的内容，拓宽学生的视野，丰富学生的学科知识。通过引入其他学科的内容，如语文、地理、数学等，生物教学更具有综合性和实践性。第三，学科间联系强化原则，即通过设计跨学科实践活动，让学生在解决实际问题的过程中，综合运用生物学、数学、化学等多学科知识和技能，加深对学科之间关联性的理解，提高学生的综合素养。[1]基于这三个原则，本课例的教学过程如下：

1. 创设真实情境，激发探究欲望

生物学作为一门实用性很强的学科，教师在教学中要注意创设真实的情境，尽可能地贴近学生的实际生活，让学生能够身临其境地自主合作、探究学习。本课例中笔者选取的是无锡本土湿地生态系统——蠡湖湿地生态系统作为研究对象。通过航拍视频向学生展示航拍视角下的蠡湖湿地生态系统，有助于激发学生对湿地生态系统保护的学习兴趣，让学生直观感受湿地的多样生物和生态特征，从而更加关注和关心湿地生态系统的保护工作。

2. 整合跨学科知识，精准设计实践活动

基于课程整合原则、学科内涵拓展原则以及学科间联系强化原则，笔者设计了以下任务群。

任务一：了解无锡蠡湖湿地生态系统的成因

本段教学中笔者整合了地理学科中的地理位置、地形解读和历史学科的相关知识。首先出示了两幅图，即无锡蠡湖湿地生态系统的地理位置和地形图。学生通过观察不难发现，蠡湖湿地生态系统的形成与其地理位置和地形有密切关系：无锡蠡湖地处江苏省南部，距离苏州市和无锡市较近，这意味着它处于一个水系发达的地区；同时，蠡湖地处平原地带，地势较低，附近有多条河流注入湖泊，形成了丰富的水资源。这些水资源聚集在蠡湖地区，形成了湖泊及周围湿地的生态系统。随后笔者出示了一幅范蠡泛舟图，激发学生思考蠡湖湿地生态系统形成的历史文化背景。相传2500多年前，越国大夫范蠡协助越王勾践战胜吴国后，功成身退，偕西施隐于蠡湖。他们在此泛舟湖上，撰写了《养鱼经》，使得蠡湖地区的渔业文化得以发展，这种渔业文化也对蠡湖湿地生态系统的形成产生了深远影响。

任务二：探究蠡湖湿地生态系统的组成和功能

根据学生已有的知识经验，本段教学重点研究生物成分。前期笔者组织了学生实地考察蠡湖湿地生态系统，让学生近距离感受湿地的生态环境，观察植物、动物、水质等，并进行相关的调查与记录。后期

在小组间展示所调查到的不同类型的湿地植物、动物等。通过观察和讨论，学生可以深入了解湿地对不同物种栖息和繁衍的重要作用，进而引入蠡湖湿地生态系统的功能。此段教学笔者利用学科拓展原则，借用了语文学科中常用的角色扮演，让学生充分发挥想象，以湿地生态系统相关的不同角色进行情境模拟，比如湿地管理者、当地居民、环保志愿者，甚至湿地生态系统中的某种动植物等，让他们就保护湿地生态系统的功能展开交流。小组讨论和情境模拟能够激发学生的思考和参与，帮助他们更加深入地理解蠡湖湿地生态系统的功能。

任务三：列举湿地生态系统的保护措施

本段教学中笔者利用学科间联系强化原则，从各个角度为学生收集了大量有关湿地生态系统保护措施的材料。如政府部门的政策与规划：针对湿地受损区域，进行生态修复工程，例如补种水生植物、水体净化，以此来恢复湿地的自然状态，增强湿地的生态功能；加强湿地保护设施建设，例如建设观鸟塔、湿地宣教中心等，提高公众对湿地保护的认识和参与度。再如环保机构和科研机构定期监测生态系统的健康情况，及时提出改进建议。此外，还有企业的参与：减少废气、废水等污染物的排放，减轻对生态系统的压力。通过材料阅读，学生能够较为全面地了解目前社会各界对蠡湖湿地生态系统的保护措施，进而联系实际生活。作为中学生，他们虽然能力有限，但仍然可以积极采取保护蠡湖湿地生态系统的行动。

以下是实际教学中学生总结出的一些具体做法：首先可以通过学习相关知识，了解湿地生态系统的重要性，认识到保护湿地就是保护我们共同的家园。通过参加学校的环保课程、阅读相关书籍或观看纪录片，增加对湿地生态系统的了解。其次，可以积极参与学校的环保宣传活动，如制作宣传海报、撰写宣传文章、发起主题演讲等，向身边的同学、家人和社区居民普及湿地保护的知识，提高大家的环保意识。此外还可以加入学校的环保社团或志愿组织，参与湿地保护相关的志愿服务活动。例如，在湿地周边进行垃圾清理、参与湿地植被的种植与养护等，为湿地生态系统的恢复和保护贡献一份力量。

三、跨学科实践活动的反思

跨学科实践活动有利于培养学生的核心素养。核心素养的培养依托于真实问题情境，因而需要整合不同学科资源，这样有利于开阔学生的视野，增进对知识的理解，提升学生的综合能力。将"五育"并举贯穿在跨学科实践活动中，使学生成为更好的自己。同时开展跨学科实践活动也有利于拓宽教师的知识面，促进教师专业发展。跨学科实践活动的实施需要教师深入研究生物知识在生活中的实际应用，这必定会丰富教师的学科知识。要想设计既丰富又有意义的跨学科实践活动，教师必须亲身实践，只有充分了解实际生活和亲身实践，才能设计出最优化的实践活动。此外，跨学科实践活动的实施有利于深化教学改革。新课标中多处提及跨学科实践活动，旨在促使学生主动参与、合作交流，运用多学科知识解决实际问题，建立和谐的生生、师生关系。

本文基于对跨学科实践活动的设计研究，发现跨学科实践活动对初中生物教学具有一定的促进作用。贯彻和落实跨学科实践活动，能够有效培养学生的生物学核心素养。积极研究和优化跨学科实践活动设计，还需要教师不断加以思考。

【作者简介】苏丽，女，无锡市山北中学大队辅导员，二级教师。

参考文献

［1］姚淑卿.初中生物跨学科教学实践初探［J］.数理化解题研究，2023（14）：143—145.

（上接第 61 页）

参考文献

［1］中华人民共和国教育部.义务教育语文课程标准［M］.北京：北京师范大学出版社，2022.

［2］安德烈.焦尔当.学习的本质［M］.杭零，译.上海：华东师范大学出版社，2015.

［3］奥苏伯尔.教育心理学—认知观点［M］.佘星南，宋钧，译.北京：人民教育出版社，1994.

［4］杨九俊.全息阅读：儿童阅读的校本化建构［J］.江苏教育研究，2019（32）：14—16.

［5］汪朵.基于儿童经验的全场景阅读——兼论移动互联网时代的阅读变迁［J］.教育研究与评论，2019（04）：73—75.

基于大概念的初中历史复习课策略

◎ 代彦武／江苏省无锡市凤翔实验学校

摘 要 复习课强调构建知识结构，形成关联，大概念是历史复习课的内在要求。基于大概念的初中历史复习课的实施，主要包含五个策略：大格局解读，提炼核心概念；大概念视角，谋划整体布局；高通路迁移，实施教学评一体；新问题创设，促进深度学习；运用系统思维，建立逻辑关系。基于大概念的初中历史复习课，可以有效帮助学生建立知识结构，培养历史思维，落实核心素养目标。

关键词 初中历史　大概念　复习课　核心素养　深度学习

基于大概念进行初中历史单元复习教学，既是考试评价的需要，也是《义务教育历史课程标准（2022年版）》（以下简称"新课标"）的要求。以大概念为指导，统领复习内容，厘清历史线索，类比历史事件，总结历史规律，有助于提升学生学习兴趣，系统掌握历史知识，完善知识体系，促进深度学习，培养核心素养。本文拟以义务教育初中历史单元复习课为例，探讨如何基于大概念上好历史复习课。

一、大概念是复习课的内在要求

单元复习课是对单元知识和方法进行整理归纳、拓展提升的一种课型。单元复习课不仅要对单元知识进行查漏补缺、完善强化，更要对单元内容进行结构化关联，将其组合成知识链，帮助学生在联系中构建知识结构和认知经验，促进深度学习。在以往的单元复习课教学中，往往存在"炒冷饭式"复习、"题海战术式"复习、"默写提问式"复习，缺乏深度思考。在新课标实施的背景下，复习课要让学生有新的收获、新的兴趣，建立大历史观，促进深度学习，培养核心素养。"学史明智""学古鉴今"，真正促进历史思维的成长，是历史复习课的重要目标。

大概念正是解决历史复习课中的不足，培养学生深度思维，贯彻课程理念的重要指导思想。新课标指出："大概念是指那些能够将分散的知识、技能、观念等联结成为整体，并且赋予它们意义的概念、观念。"大概念不是"庞大"，而是"基础"和"核心"，处于教育内容的核心位置，引导学生从总体上、宏观上理解历史，建立合理的知识结构，促进学生掌握探究历史的方法和路径，拓宽学生认识历史的视野。大概念是复习课的内在要求，在单元复习中，教师一定要有大概念的意识和思维，把握知识关联、梳理知识难点。

二、基于大概念的初中历史复习课策略

1. 大格局解读，提炼核心概念

"理解"要形成包含具体与抽象互动的复杂认知结构的关键在于抽象"大概念"的建立。大概念能成为认知结构中的重要的关联点，不断吸纳、组织信息，是专家思维的典型特征[1]。大概念是具体与抽象的协同思维，来自具体情景、具体史实，又能返回到具体史实中被应用，是一个"具体—抽象—具体"的循环过程。

如历史七年级上册第三单元《秦汉时期：统一多民族国家的建立和巩固》，君主专制中央集权制度的建立和发展，就是本单元的核心概念。该制度于秦朝建立，此后不断完善，是封建社会的基本制度。但学生对这一制度的理解有较大困难，教师可通过秦朝行政思维导图建立结构。通过分析，让学生明白专制主义中央集权制度由两部分组成：①专制主义是就决策方式而言，是指皇帝集国家最高权力于一身，个人专断独裁，帝位实行终身制和世袭制；②中央集权是针对地方分权而言，是指中央统率地方，地方政府没有独立性，完全服从于中央。从具体到抽象再到具体，教师可以进行拓展循证，让学生认识这种制度在不同时期的不同形式，发挥的不同作用，对统一多民族国家的建立和巩固所起的积极作用，以及到明清时期不断僵化，成为阻碍社会变革的消极力量，最终加速封建社会结束的消极作用。

2. 大概念视角，谋划整体布局

复习课具有拓展性结构，可以是一个单元的内容，也可以是有同一大概念的多个单元。所以对于复习课，教师要有逆向设计的思维，在逻辑上从想要达到的学习结果导出。如七年级上册第四单元《三国两晋南北朝时期：政权分立与民族融合》，政权众多，学生厘清政权关系有困难，这一时期的阶段特征——政权分立与民族融合就是本单元的最重要目标。复习课中，通过思维导图，绘制政权关系，回顾具体史实，了解民族交融，跳出具体政权看整体，学生就很容易理解这一时期的社会特征。复习课的逆向设计，更能使大概念落地，目标得到落实。

3. 高通路迁移，实施教学评一体

大概念教学的学习机制是高通路迁移，即"具体—抽象—具体"的路径。神经科学发现，如果要求学生一遍遍重复旧的相同信息，只会形成微弱的通路，无助于神经网络的建构，也无法迁移到新的问题解决中去，就无法形成高通路迁移。[2]基于大概念的单元复习，不能仅局限于具体知识，而是要关注高通路迁移，考查学生对大概念的掌握情况，深化学习内容。

如在复习中国近代化的探索中，通过回顾总结，知道中国近代化探索的过程，总结近代化的特点，从具体到抽象，了解到中国近代化探索的曲折和艰难。但近代化是不是就这一条路，有没有其他方式？高通路迁移，进而思考西方世界近代化的过程如何？为什么和中国不同？从对比中可以看出，中国近代化晚于西方，变革顺序正好相反。中国近代化从学习技术到制

度到思想，由浅入深、由表及里，层层递进。通过中外对比，学生更能深刻理解中国近代化艰难曲折的原因：清政府的腐败和封建制度的落后（内因），列强的侵略（外因）。这样基于大概念的复习设计，让学生通过中外对比深度思考，使教学评一体化得到有效实施。

4. 新问题创设，促进深度学习

新课标指出：在教学过程的设计中，教师要设法引领学生在历史情境中展开学习活动。复习不能简单地以知识点归纳与理解为目的，而是要在新情境中解决真实问题，做出历史解释，启迪现实思考。学生只有掌握了在特定情境中解决问题的技能，才能使学科核心素养落地。如复习中国古代文学形式从唐诗、宋词、元曲到明清小说的变迁，我们不仅要复习各种文学形式的代表人物、代表作品、特点等，还要把这种变迁放在历史长河中，让学生认识到文学形式变迁的特点及这种变迁反映的是文化的大众化、通俗化、普及化的过程，是市民文化的发展。新问题的提出，促进学生深度学习，使学科核心素养落地。

5. 运用系统思维，建立逻辑关系

大概念指向知识背后的学科核心素养的具体化，利用大概念进行教学，自然有助于师生从历史发展的线索、规律去领会具体的史事[3]。建立史实的内在联系，从整体上认识历史，建立知识结构是历史复习课的重要任务。如在复习中国近代列强侵略与近代化探索专题时，如何把历史事件的"点"串成"线"，怎样理解"面"？教师可以通过示意图让学生厘清以下关系：①第二次鸦片战争是鸦片战争的继续和扩大。②内忧外患（太平天国运动和第二次鸦片战争）的局面促使清政府开始了洋务运动的探索之路。③甲午战败，民族危机加剧，促使清政府反思，走向了从探索器物到制度的道路转变，开展戊戌变法。④义和团运动威胁到侵略者在华利益，为了镇压义和团，八国联军侵华。

"线"的梳理，使学生进一步形成"面"的理解，认识到中国从封建社会一步步沦为半殖民地半封建社会的屈辱和近代化探索的艰难曲折，运用系统思维，形成知识结构。

复习课不是简单的重复，是学习过程中不可缺少的环节，教师要有大概念的视角，对内容进行有跨度、有深度的重新整合，提出常见常新的问题，设计出更有探究意义的综合性学习主题，帮助学生建立知识结构，培养历史思维，落实核心素养目标。

【作者简介】代彦武，男，江苏省无锡市凤翔实验学校教师，高级教师，梁溪区学科带头人。

参考文献

[1] 刘徽."大概念"视角下的单元整体教学构型——兼论素养导向的课堂变革[J].教育研究，2020（06）：68.

[2] 刘徽，徐玲玲.大概念和大概念教学[J].上海教育，2020（04）：32.

[3] 陈志刚.教学设计的变革与大概念、大单元教学的实施[J].历史教学（上半月刊），2021（09）：25.